Hexenakademie

Hexenakademie

Bist du bereit? Prüfe dein Wissen!

Maja Sonderbergh

Die Deutsche Bibliothek – CIP-Einheitsaufnahme
Sonderbergh, Maja:
Hexenakademie : Bist Du bereit? Prüfe Dein Wissen!/
Maja Sonderbergh. – 1. Aufl. – Köln : vgs, 2002
ISBN 3-8025-2954-5

1. Auflage 2002
© Egmont vgs verlagsgesellschaft, Köln 2002
Alle Rechte vorbehalten
© des ProSieben-Titel-Logos mit freundlicher Genehmigung der
ProSieben Television GmbH

Lektorat: Alexandra Panz
Produktion: Angelika Rekowski
Umschlaggestaltung: Sens, Köln
Satz und Layout: so.wie?so!, Köln
Karen Kühne, Köln/Kirsten Reinhold, Köln
Druck: Clausen & Bosse, Leck
Printed in Germany
ISBN 3-8025-2954-5

Besuchen Sie unsere Homepage:
www.vgs.de

Inhalt

Vorwort

Interessierst du dich für Zauberei? Siehst du dir gerne Fernsehserien mit und über Hexen an – wie Charmed – Zauberhafte Schwestern und Sabrina? Liest du gerne in Büchern über Hexenkunst, Zaubersprüche und Zaubertränke? Findest du Kräuterkunde spannend, und glaubst du an die besonderen Kräfte des Mondes? Hast du vielleicht schon selber gezaubert? Einen magischen Zirkel gezogen und getrocknete Kräuter verbrannt? Oder hast du sogar schon einmal mit Erfolg einen Liebeszauber angewandt?

Dann fragst du dich sicher auch:

- **Wann bin ich eine echte Hexe?**
- **Woher weiß ich, ob ich magische Kräfte besitze?**

Wir alle haben magische Energie in uns – die einen mehr, die anderen weniger. Wir müssen sie nur entdecken wollen, zu fördern wissen. Den Zugang zu deiner Kraft findest du nur durch Beharrlichkeit. Du darfst nicht aufgeben, wenn einmal ein Zauber daneben geht, ein Zaubertrank nicht wirkt, oder du dir nur schwer die Bedeutung der Mondphasen merken kannst und immer wieder nachschlagen musst. Hexen lernen ihr Leben lang. Dieser Prozess ist niemals wirklich abgeschlossen.

Es gibt allerdings ein Grundwissen, über das jede Hexe verfügen sollte. Ohne dieses kann sie nicht wirksam zaubern und verantwortungsvoll mit ihren magischen Energien umgehen. In diesem Buch findest du die erste Grundprüfung des Hexendiploms. Hier kannst du dich selber testen, ob du die notwendigen Voraussetzungen besitzt, um in den Kreis der Hexen aufgenommen zu werden. Wenn du bestehst – und nur dann! -, darfst du in das Hexendiplom am Ende des Buches deinen Namen einsetzen.

Bist du bereit? Dann prüfe dein Wissen!

Deine Maja

Die Hexenprüfung

Das sind die Regeln!

Diese Prüfung besteht aus Fragen, die dein Vorwissen in Zauberei und Hexenwesen testen. Die Fragen haben unterschiedliche Schwierigkeitsgrade und sind bunt gemischt. Bei jeder Frage werden dir vier Antwortmöglichkeiten vorgegeben. Die Hexenprüfung besteht aus mehreren Disziplinen: Hexengeschichte, Hexenrituale, Hexenwerkzeuge, Kräuter- und Pflanzenkunde, Steinkunde, Kunst der Zaubertränke und Kunst der Zaubersprüche. Diese Fächer sind die Grundlagen der Hexenkunst – keines ist wichtiger oder weniger wichtig als ein anderes. Du musst über ein breites Wissen verfügen, um eine gute Hexe zu sein. Das bedeutet, du kannst dir nicht das Fach herauspicken, das dir am meisten Spaß macht!

Am Ende jedes Kapitels findest du Übungen, die dich in die wichtigsten Aspekte einer jeden Disziplin einweisen. Denn Zauberei ist natürlich nicht nur graue Theorie, sondern will angewendet werden. Du lernst hier, dich richtig zu konzentrieren, trainierst den magischen Zirkel, pflanzt deine Zauberkräuter an und mischst deine ersten (falls du es vorher noch nicht getan hast) Zaubertränke. Führe diese Übungen gewissenhaft durch – gerade in der Praxis wirst du merken, wo du noch einige Schwächen hast!

Im zweiten Teil des Buches findest du die Auflösungen. Hier kannst du auch Erklärungen und interessante neue Informationen nachlesen, falls dir zu einigen Fragen gar nichts eingefallen ist.

Während du die Fragen beantwortest – allein oder mit einer Freundin – , notiere dir auf einem Blatt Papier, welche der Lösungen du tatsächlich gewusst hast. So kannst du später die Punkte zusammenzählen, die den verschiedenen Fragen zugeordnet sind: je höher der Schwierigkeitsgrad, desto höher die Punktzahl. Nur wenn die Antwort richtig war, kannst du dir die Punkte gutschreiben.

Sei ehrlich beim Beantworten der Fragen. Du darfst in deinen Hexenbüchern nachschlagen, aber keine andere Hexe, die bereits weiter ist als du, fragen. Schließlich willst du doch wissen, wo du persönlich stehst, oder?

Wenn du dann erfolgreich deine Prüfung bestanden oder festgestellt hast, dass du Talent als Hexe besitzt, kannst du dich mit dem Weiheritual selber initiieren. Anschließend trägst du in das Hexendiplom deinen Namen ein. Damit bist du Mitglied der Hexengemeinde.

Und nun bleibt mir nur noch, dir viel Glück zu wünschen!

2

Die Fragen –
Jetzt wird´s ernst!

Im folgenden Teil werden dir nun die Fragen der Hexen-prüfung gestellt. Die Auflösungen findest du weiter hinten im Buch in einem eigenen Kapitel. Lies dir jede Frage aufmerksam durch. Wenn du die Antwort nicht auf Anhieb weißt, gib nicht auf. Konzentriere dich, forsche in den Tiefen deines Wissens. Glaube mir, oft weißt du mehr, als du dir vorstellen kannst. Verborgenes Wissen zu aktivieren ist auch eine Hexenkunst!

Und noch ein Tipp von mir: Die eine oder andere Antwort kannst du dir sicher herleiten, wenn du scharf nachdenkst und alle unwahrscheinlichen Möglichkeiten einfach ausschließt. Das ist erlaubt, denn Hexe sein bedeutet auch clever sein!

Hexengeschichte

Um eine gute Hexe zu sein, ist es sehr wichtig, dass du über die Geschichte der Hexen und ihrer Magie Bescheid weißt. Du solltest wissen, wie Hexen in früheren Jahrhunderten gelebt haben und wie ihre Stellung in der Gesellschaft war. Dieses Wissen lässt dich die heutige Bedeutung des Hexentums verstehen. Du wirst so deine Rolle als moderne Hexe besser einordnen können, Schwierigkeiten zu deuten verstehen und an Selbstbewusstsein gewinnen.

Aber auch die wichtigen Hexenfeste und berühmte Hexer und Gelehrte mit magischen Kräften gehören zu unserer Geschichte. Im Folgenden werden dir einige Fragen zum Grundwissen gestellt, die deine Lücken – wenn du welche hast – aufdecken und schließen sollen. Lies einfach über diese Prüfung hinaus weiter in Büchern zu unserer Geschichte. Das ist wirklich spannend!

❶ Was ist der Hexenhammer?

a. Ein Hexenwerkzeug
b. Ein Super-Witz über Hexen
c. Ein Fluch
d. Ein Handbuch der Hexenverfolgung

❷ Was ist eine Hexenbulle?

a. Eine irische Rinderrasse
b. Eine alte Vorschrift für Hexen, die uns das Fliegen auf Besen untersagt
c. Eine päpstliche Anklageschrift gegen Hexen aus dem 15. Jh.
d. Eine genaue Anleitung zum Aufbau der Werkzeuge auf deinem Altar aus dem 14. Jh.

❸ In welchem Bereich verdanken Hexen der Äbtissin Hildegard von Bingen wichtige Einsichten?

a. Pflanzenkunde
b. Besenreiten
c. Zaubersprüche
d. Spiegelmagie

❹ Wer ist Agrippa von Nettesheim?

a. Eine Figur aus einem Walt Disney Comic
b. Ein deutscher Adeliger, der einmal mit Caroline von Monaco verheiratet war
c. Ein Schwarzmagier in der Inquisitionszeit
d. Ein Arzt und Philosoph des 15. Jh., der durch sein magisches und medizinisches Wissen einen großen Einfluss auf das Hexenwesen hatte

❺ Wann wird die Walpurgisnacht gefeiert?

a. In der Nacht zum 25. Dezember
b. In der Nacht zum 1. Januar
c. In der Nacht zum 1. Mai
d. In der Nacht zum 8. Mai

❻ Was bedeutet das Wort „Hexe"?

a. Das ist der Name für ein Wesen, das auf einem Zaun sitzt, mit einem Bein in der menschlichen Welt, mit dem anderen in der Zauberwelt
b. So wurden früher die weisen Frauen genannt, weil man sie gehasst hat. Hexe kommt also von Hass
c. Hexe kommt aus dem Griechischen und bedeutet: die, die zaubern kann
d. Hexe hat keine besondere Bedeutung, es ist einfach ein Name

❼ Wer war Harry Houdini?

a. Ein Papst im 18. Jahrhundert, der der Hexenverfolgung ein Ende gesetzt hat
b. Eine neue Kleidermarke aus den USA, die Zauberklamotten herstellt
c. Eine Comicfigur, die hexen kann
d. Einer der berühmtesten Zauberer der Neuzeit

❽ Warum feiern wir die Sommersonnenwende am 21. Juni?

a. Weil an diesem Tage die Sonne am tiefsten steht
b. Weil an diesem Tage die Sonne am höchsten steht
c. Weil dann eine Mondfinsternis herrscht
d. Aus keinem besonderen Grund

❾ Was sind Runen?

a. Besondere Socken, die du zu deiner Zauberkleidung anziehst
b. Ein Abwehrzauberspruch, den man sehr leise spricht
c. Alte Schrift- und Symbolzeichen
d. Ein Amulett

Übungen

A. Veranstalte dein eigenes Walpurgisnachtfest!

In der Nacht zum 1. Mai – also am Abend des 31. April – findet das Walpurgisfest statt. Dies ist ein wichtiges Fest für uns Hexen, denn wir feiern Liebe und Fruchtbarkeit (der Winter geht in den Frühling über) und unsere Unabhängigkeit als Hexen. Eine gute Gelegenheit, deinen ersten eigenen Hexensabbat zu veranstalten! Du kannst dieses Fest alleine begehen, schöner ist es jedoch, zusammen mit anderen Hexen zu feiern. Traditionell wird ein großes offenes Lagerfeuer gemacht, um das wir dann herum sitzen (oder tanzen). Wenn du keine Möglichkeit hast, dies zu tun, kannst du so viele Kerzen wie möglich anzünden und in die Flammen schauen. Braut euch euren Lieblingstee und denkt über eure Rolle als Hexen nach und was ihr alles im nächsten Hexenjahr an eurer Hexenkunst verbessern wollt.

B. Schmücke deinen Altar für das Fest der Sommersonnenwende!

Am 21. Juni begehen wir Hexen das Fest der Sommersonnenwende. Wenn also dieses Datum das nächste Mal näher rückt, solltest du dich auf die Feier vorbereiten, denn es ist für uns Hexen ein wichtiges und freudiges Fest. Gehe hinaus in den Garten, in den Park oder in die Felder und pflücke Blumen. Damit dekorierst du deinen Altar. Du kannst dir auch Armbänder und Halsketten aus den Blumen flechten.

Am 21. Juni steht die Sonne am höchsten, und alle Zauber wirken ganz besonders gut. Such dir einen Zauber aus, dessen Wirkung dir wirklich am Herzen liegt, und führe ihn an diesem Tage aus.

Hexengrundsätze

Weiße Magie – und diese, nur diese, üben wir aus! – hat ihre festen Grundsätze. Du musst sie kennen und einhalten, um überhaupt erst Zugang zu deinen magischen Kräften zu finden. Danach müssen diese Regeln und Grundsätze Teil deines täglichen Lebens werden. Wenn dir dies nicht gelingt, wirst du deine Kräfte und Energien nie wirklich lenken können und so die Ziele deiner Zauber nicht erreichen. Wir modernen Hexen üben nicht einfach eine Macht ohne Sinn und Verstand aus. Wir verstehen uns als Teil eines Ganzen – der Natur – und wollen unsere besonderen Kräfte zum Wohle dieses Ganzen nutzen. Wir kennen die oberste Regel der Dynamik im Universum: Alles, was du aussendest, kehrt dreifach zu dir zurück! Und an diesem Maßstab messen wir unsere Handlungen und unsere Zauberkräfte.

Mein Tipp: Sieh dir einmal die 13 Regeln einer guten Hexe an (siehe Seite 112) – falls du sie noch nicht kennst – , bevor du dich an die Beantwortung der folgenden Fragen machst.

❶ Wie lautet der oberste Grundsatz der weißen Magie?

a. Tu, was du willst, und schade keinem!
b. Tu, was du willst, egal was passiert!
c. Dein Wille ist Gesetz!
d. Dies ist dein Wille, und er geschehe!

❷ Was ist ein wichtiger Unterschied zwischen weißer und schwarzer Magie?

a. Weiße Magier tragen weiße Kleidung, schwarze Magier schwarze
b. Weiße Magie wird bei Tag ausgeführt, schwarze bei Nacht
c. Weiße Magie ist gut, schwarze Magie ist böse
d. Weiße Magie will helfen, schwarze Magie will manipulieren

❸ Wie lautet Regel Nummer 9 einer guten Hexe?

a. Konzentriere dich auf dich selber
b. Lebe im Einklang mit der Natur
c. Die Naturgesetze gelten für dich nicht
d. Beherrsche die Natur – sie ist dir Untertan

❹ Welche Regel gilt, nachdem der magische Zirkel gelöst wurde, wenn du mit Freunden ein Ritual durchgeführt hast?

a. Rede mit anderen über das, was während des Rituals geschehen ist
b. Führe nie wieder mit denselben Leuten ein Ritual durch
c. Führe eine Dankeszeremonie durch
d. Plaudere nichts aus, was dir von anderen während des Rituals anvertraut wurde!

❺ Wie lautet die Regel Nr. 11 einer guten Hexe?

a. Schlafe nie mehr als drei Stunden pro Nacht
b. Achte auf deine Gesundheit
c. Iss nur rohes Gemüse
d. Tu, was du willst, und schade keinem

❻ Warum ist die Hexenregel Nr. 12: „Meditiere" so wichtig?

a. Damit du dich vor deinem Zauber ausruhst
b. Damit du das Ritual im Geiste noch einmal durchgehst
c. Damit du deine mentale Kraft bündeln kannst
d. Diese Regel gibt es gar nicht!

❼ Wann solltest du keinen Zauber ausführen?

a. Wenn du glücklich bist
b. Wenn du krank bist
c. Wenn du einen Pickel hast
d. Wenn du dich mit deiner Freundin oder deinem Freund ver-
kracht hast

❽ Welcher Satz ist richtig?

a. Du bist auf dich allein gestellt
b. Du sollst nur an dich selber denken
c. Nur alleine bist du stark
d. Du bist Teil eines großen Ganzen

Übungen

A. Tu, was du willst, und schade keinem!

Welchen tieferen Sinn hat dieser oberste Grundsatz der weißen Magie? Nimm dir Zeit und suche einen ruhigen Raum auf. Konzentriere dich. Denke daran, was du mit deinem ersten Zauber (und mit allen weiteren danach ...!) erreichen willst. Sei ehrlich zu dir selber: Wenn das, was du willst, Wirklichkeit wird, könnte es einem anderen schaden? Formuliere eine konkrete Situation in Form einer kleinen Geschichte. Nun denk nach: Wie kannst du so handeln, dass du dich und deinen Willen durchsetzt, aber gleichzeitig niemand zu Schaden kommt? Formuliere die Geschichte neu, aber jetzt mit der Lösung, die du gefunden hast.

B. Die 13 Regeln einer guten Hexe.

Schreibe die 13 grundlegenden Regeln für gute Hexen auf ein Blatt Papier. Erst wenn du dich an diese Regeln hältst, findest du Zugang zu deinen magischen Kräften und wirst lernen, sie optimal zu nutzen. Trage dieses Blatt einen ganzen Tag bei dir. Nimm es dir am Abend vor und gehe in dich: Hast du die Regeln eingehalten? Wenn nicht, warum nicht? Was hat dich daran gehindert? Was kannst du tun, um dieses Hindernis aus dem Weg zu schaffen?
Ziehe Bilanz: Hast du dein Leben als Hexe im Griff? Sei dabei immer ehrlich zu dir selbst, sonst hilft die beste Selbstanalyse nichts!

Hexenwerkzeuge

Natürlich gibt es keine Hexerei ohne die entsprechenden Werkzeuge. Zaubern ist schließlich streckenweise nichts anderes als ein Handwerk! Du pflanzt und pflegst deine Zauberkräuter, du schneidest, schnibbelst, mischst und kochst. Du schnitzt Symbole in Kerzen und Metallplättchen, ziehst magische Kreise und legst Gegenstände in symbolhaften Anordnungen zusammen. Ohne diese Rituale bleiben deine Hexenwerkzeuge einfache Gegenstände und haben keine eigenen magischen Kräfte. Erst du, deine Energie und der magische Zusammenhang – das Ritual und das Ziel deines Zaubers –, machen aus diesen Dingen Hexenwerkzeuge.

Mein Tipp: Halte die Augen offen, und sieh dir die Dinge, die dich umgeben, einmal genauer an – mit den Augen einer Hexe. Du siehst auf einem Spaziergang eine Vogelfeder? Was repräsentiert die Feder für uns Hexen? Richtig, das Element Luft! Vielleicht kannst du sie mit nach Hause nehmen und in deinem nächsten Zauber gebrauchen. Dasselbe gilt für viele Gegenstände deines alltäglichen Lebens, sei einfach aufmerksam und geh nicht leichtfertig an den magischen Dingen des Lebens vorbei!

❶ Was ist ein Athame?

a. Ein Hexenhut
b. Ein Hexenbesen
c. Ein magischer Dolch
d. Eine magische Beschwörung

❷ Welches Element repräsentieren Federn in magischen Ritualen?

a. Erde
b. Luft
c. Feuer
d. Strom

❸ Wozu dient uns Hexen ein Zauberstab?

a. Der Zauberstab verwandelt Frösche in Prinzen
b. Der Zauberstab sprüht Feuer
c. Der Zauberstab leitet unsere magische Energie
d. Der Zauberstab ist nur ein Requisit, er hat keine besondere Kraft

❹ Was bewirken schwarze Kerzen innerhalb eines Rituals?

a. Sie wehren negative Energien ab
b. Sie wehren gute Gedanken ab
c. Sie verstärken deinen Zauberspruch
d. Sie halten den magischen Kreis aufrecht

❺ Welche Kerzenfarbe benötigst du für einen Liebeszauber?

a. Braun
b. Pink
c. Grün
d. Weiß

❻ Was symbolisiert der Kelch in unseren Hexenritualen?

a. Das Element Wasser
b. Die Kraft der Sonne
c. Den Zusammenfluss von magischen Energien
d. Das Bedürfnis nach geistiger Nahrung

❼ Was gehört nicht auf einen Hexenaltar?

a. Eine Schale
b. Ein Fernseher
c. Getrocknete Kräuter
d. Eine Räucherschale

❽ Die Woche hat ihren eigenen Energiezyklus, d.h. von Montag bis Freitag ändert sich deine magische Energie. In deinen Ritualen musst du diesen Zyklus bedenken. Die Tage haben Planeten als „Paten", je nach ihrer Verbindung zur Konstellation der Sterne. Welcher Planet gehört zum Dienstag?

a. Der Mond
b. Die Venus
c. Der Mars
d. Der Saturn

❾ Was ist ein Pentakel?

a. Eine besondere Kerze
b. Eine Planetenkonstellation
c. Ein Symbol für Schutz und Sicherheit
d. Ein Schwert

❿ Wie sieht eine Schutzrune aus?

a. Dagaz ᛞ

b. Algiz ᛉ

c. Tiwaz ↑

d. Gebo ✕

Übungen

A. Bau dir deinen eigenen Altar auf

Deinen Altar gestaltest du ganz nach deinem Geschmack. Er ist der Ort, an dem du dich konzentrierst, an dem du meditierst und deine Zauber ausführst. Hier bewahrst du auch deine Hexenwerkzeuge und deine Kräuter auf.

1. Suche dir einen Untersatz
Ein Altar kann ein einfacher Tisch, ein Schemel oder ein fester Karton sein. Er sollte auf jeden Fall sicher stehen, denn brennende Kerzen oder heißes Öl dürfen nicht ins Wackeln geraten!

2. Suche dir einen geeigneten Platz
Es gibt dabei ganz praktische Überlegungen, die du anstellen solltest. Zuerst einmal muss es ein ungestörter Ort sein. Du sollst dich konzentrieren können, ohne jeden Augenblick von jemandem überrascht zu werden. In vielen unserer Zauber und Rituale werden Kerzen angezündet und Räucherwerk abgebrannt. Ein windiger, zugiger Platz wäre also unpraktisch, ja sogar gefährlich. In deinem Garten wirst du vielleicht einen ruhigen Ort finden, der deinen mystischen Ansprüchen genügt und von dem deine Familie und Freunde nicht wissen. Im Herbst kann der gleiche Ort aber sehr gefährlich werden, wenn du deine Handlung inmitten von trockenen Blättern vollziehst ... Dies alles musst du bei deiner Auswahl bedenken.

3. Suche dir deine Werkzeuge zusammen und platziere sie auf deinem Altar

Du brauchst:
- *Ein großes Tuch in deiner Lieblingsfarbe, das du über den Altar breitest*
- *Eine Räucherschale, in der du getrocknete Kräuter verbrennen kannst (Achtung feuerfest!)*

- *Einen Kelch oder eine Schale Wasser, die das Element Wasser repräsentieren*
- *Ein Schälchen mit Salz, das für das Element Erde steht*
- *Drei weiße und drei schwarze Kerzen. Sie repräsentieren das Element Feuer*
- *Eine Feder, um das Element Luft anrufen zu können*
- *Ein Glöckchen, mit dem du den Anfang und das Ende eines Rituals einläutest*
- *Und natürlich deinen Zauberstab*

B. Suche dir deine Zauberkleidung aus

Bereitest du dich aber für ein magisches Ritual vor, solltest du deine rituelle Kleidung – deinen „Zaubermantel" – anlegen. Diese spezielle Kleidung trägst du nur zum Zaubern, denn sie soll sich mit deiner magischen Energie aufladen und von negativen Einflüssen frei bleiben.

Es gibt keine Regel, wie deine Zauberkleidung auszusehen hat. Bequem muss sie sein, denn du sollst dich auf deine Gefühle konzentrieren und nicht auf deine Klamotten! Und aus Baumwolle sollte sie sein – und nicht aus synthetischen Materialien. Synthetik brennt sehr schnell, und du wirst während der Zeremonien mit Kerzen und Räucherwerk umgehen. Idealerweise trägst du etwas, das für dich eine besondere Bedeutung hat: Eine alte Jeans, die du getragen hast, als du glücklich warst, ein Hemd, das deinem Vater gehört hat und in dem du dich geborgen fühlst, ein T-Shirt, das dir Glück bringt. So hast du gleich eine emotionale Bindung zu deiner Zauberkleidung, die wichtig ist, um deine positiven Energien zu aktivieren.

Suche dir also jetzt diese Kleidung aus. Du sollst sie dann später, nachdem du das Hexendiplom bestanden hast, bei deiner Weihe tragen!

Hexenrituale

Nun kommen wir zu einem der wichtigsten Fächer für das Hexendiplom – die Rituale. Rituale konzentrieren deine magischen Kräfte und führen sie mit der dich umgebenden Energie, d.h. mit den Kräften der Natur, zusammen. Rituale fügen die Einzelteile deines Zaubers zusammen – deine Werkzeuge, die Symbole, deine Kräuter und das Räucherwerk und auch deine Sprüche – und machen daraus erst einen Akt mit Zauberkraft!

Mein Tipp: Rituale musst du fleißig üben. Erst wenn dir der magische Zirkel und die verschiedenen Pentagramme wie selbstverständlich von der Hand gehen, wirst du die notwendige Konzentration für das Wesentliche in deinem Zauber aufbringen. Und du wirst feststellen – gerade die immer gleichen Rituale ermöglichen es dir, dich zu sammeln und dich auf deine innere Kraft zu konzentrieren!

❶ Was ist ein Pentagramm?

a. Eine mathematische Formel
b. Ein magisches Symbol
c. Ein Hexenkessel
d. Ein besonderer Zauberstab

❷ Male ein Pentagramm auf ein Blatt Papier. An welcher Spitze beginnst du, wenn du ein Pentagramm mit <u>anrufender</u> Kraft zeichnen willst?

a. Ganz oben
b. Links unten
c. Rechts unten
d. Ganz egal

❸ Was ist ein magischer Kreis?

a. Eine Gruppe von Hexen, die sich zum Zaubern zusammen-
geschlossen haben
b. Ein Talisman
c. Ein Schutzkreis, den du aufbaust, um darin deine magischen
Rituale durchzuführen
d. Ein Zauber-Ring

❹ Was ist „Das Buch der Schatten"?

a. Ein Mitgliedsbuch für Hexen
b. Eine Sammlung von Horrorgeschichten
c. Eine Erfindung der Autoren der Fernsehserie Charmed – Zauberhafte Schwestern
d. Das ganz persönliche – geheime! – Buch einer Hexe

❺ Was ist ein Ankh?

a. Ein Insekt mit magischer Symbolkraft
b. Eine alte Zauberschrift
c. Ein magisches Symbol für Lebenskraft
d. Ein magischer Dolch

❻ Welche Bedeutung hat die Zahl drei in unseren magischen Ritualen?

a. Keine besondere
b. Ein dreimal wiederholter Zauberspruch bleibt besser im Gedächtnis
b. In jedem Ritual müssen drei Kerzen verwendet werden
d. Die drei bekräftigt und besiegelt die magische Energie in einem Zauberspruch

❼ Was ist ein Amulett?

a. Ein Untersatz für den Kelch auf deinem Altar
b. Eine Schutzrune
c. Ein Buch mit Zauberritualen
d. Ein Gegenstand, der Glück und Schutz bringt

❽ Wie lädst du deine Zauberkleidung mit positiver Energie auf?

a. Indem du sie in Rosenwasser wäschst
b. Indem du das Weiheritual für Hexenwerkzeuge durchführst
c. Indem du sie über Nacht in das Licht des Mondes legst
d. Indem du ein Pentagramm in die Luft über deiner Zauberkleidung zeichnest

❾ Was machst du bei einer „kreativen Visualisierung"?

a. Du stellst dir das Ergebnis deines Zaubers so klar und deutlich wie möglich vor
b. Du schaust dir Filme an und suchst nach Anregungen für deine Zauber
c. Du kleidest dich wie ein Zauberer
d. Du kleidest dich für einen Liebeszauber ganz in Rot

❿ Wie überträgst du deine magische Energie auf einen Gegenstand?

a. Durch einfaches Handauflegen. Wozu bin ich eine Hexe?!
b. Durch dreimal Abracadabra sagen
c. Indem ich in die eine Hand einen Hämatit nehme und mit der anderen den Gegenstand berühre
d. Durch Konzentration

Übungen

A. Zeichne anrufende und bannende Pentagramme für jedes der vier Elemente – Feuer, Wasser, Erde, Luft.

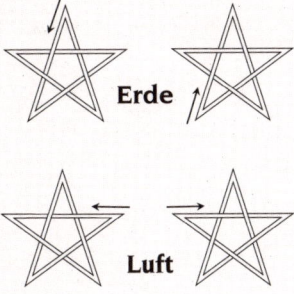

Erde

Luft

So rufen wir positive Energien

So bannen wir negative Energien

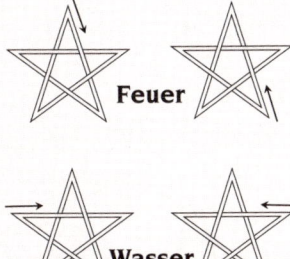

Feuer

Wasser

B. Ziehe einen magischen Zirkel!

*Halte einen beliebigen Gegenstand, den du als dein rituelles Werkzeug für diesen Zauberspruch gewählt hast, mit ausgestrecktem Arm von deinem Oberkörper weg. Dieser Gegenstand kann ein Kugelschreiber, ein Buch (auch dein **Buch der Schatten**), ein Ring oder ganz einfach dein Zeigefinger sein.*

Stell dir vor, du siehst ein weißes Licht, das aus diesem Gegenstand strömt. Konzentriere dich ganz fest, bis du dieses Licht siehst.

Dann geh deinen Kreis im Uhrzeigersinn ab.
Dabei sagst du:

> Dieser Kreis ist ein Raum
> Gefüllt mit positiver Energie.
> Dieser Kreis ist mein Schutzschild.

Dann gehst du den Kreis zum zweiten Male ab und sagst:

> In diesem Kreis kann mir nichts geschehen,
> Die Elemente schützen mich.

Du gehst den Kreis ein drittes Mal, immer noch im Uhrzeigersinn, und sagst:

> Dieser Kreis wird meinen Spruch stärken
> Und meinen Willen lenken.

Schau nach Norden und zeichne mit dem von dir gewählten Gegenstand ein bannendes Pentagramm in die Luft.

Tu das Gleiche in Richtung Osten, Süden, Westen.
Damit ist der magische Kreis aufgebaut und du kannst deinen Zauberspruch aufsagen.

Nach Beendigung deines Zaubers musst du den magischen Kreis wieder abbauen. Dazu nimmst du den Gegenstand, mit dem du den Kreis auch schon aufgebaut hast, zeigst nach Norden und gehst den Kreis gegen den Uhrzeigersinn ab. Dabei sagst du:

Ich breche diesen Kreis nicht —
Sondern ich öffne ihn.
Der Zauber, den ich aussandte,
Entfaltet nun seine Kraft.
Ich werde niemandem schaden,
Denn alles, was ausgeht,
Kehrt dreifach zurück.

C. Führe Buch über deine Rituale!

Zum Erlernen der Zauberkunst gehört auch, dass du aufschreibst,
wann du einen Zauber ausführst, mit wem und zu welchem Zweck.
Du beschreibst, wo du die Handlungen ausführst und mit welchen
Werkzeugen. Du notierst den Monat, den Tag und die Uhrzeit. Wenn
du kannst, schreibst du auf, in welchem Zeichen dieser Tag stand und
wie der Stand des Mondes war. Hierbei kann immer ein spezieller Mondkalender helfen, den du in einer Buchhandlung bekommst. Darüber
hinaus hältst du die Einzelheiten des Rituals fest: Welche Kräuter hast
du verwendet? Welche Musik hast du gespielt? Welchen Spruch hast
du aufgesagt?
Schließlich beobachtest du genau deine Konzentration und die Gefühle,
die du während des Rituals hattest. Konntest du dich gut konzentrieren,
oder schweiften deine Gedanken ab? Wurdest du müde oder hellwach?
Hast du deine Umgebung stärker wahrgenommen, oder hast du dich
eher auf dein Inneres konzentriert? Ist dir ein besonderer Gedanke
während des Rituals in den Sinn gekommen? Hast du ein bestimmtes
Gefühl beobachten können?
Die Resultate trägst du in das folgende Blatt ein. Am besten kopierst du
es dir mehrfach (für jedes Ritual ein Blatt) und heftest die Blätter in
einen gesonderten Ordner.

Mein magisches Ritual

Art des Rituals: _____

Teilnehmer am Ritual: _____

Mein Ziel: _____

Monat, Tag und Uhrzeit: _____

Sternzeichen: _____ Mondphase: _____

Dauer des Rituals: _____

Wetter: _____ Ort: _____

Mein körperlicher Zustand (Erkältung, Müdigkeit etc.):

_____

Meine Werkzeuge: _____

Diese Kräuter habe ich verwendet: _____

_____

_____

Diese Musik habe ich gespielt: _____

Mein Zauberspruch: _____

_____

_____

Das habe ich beobachtet: _____

_____

Festgestellte Resultate: _____

D. Stell dein eigenes Amulett her!

Nimm ein Metallplättchen und eine feste, spitze Nadel, eventuell auch einen Nagel. Dann ritzt du in die eine Seite des Plättchens die Rune Algiz ᛉ ein. Auf die andere Seite prägst du die Rune Thurisaz ᚦ. Algiz steht im engeren Sinne für Schutz, Thurisaz für Abwehr von negativen Energien.

Dieses Metallplättchen umschließt du von jetzt ab immer dann mit der Hand, wenn dein inneres Gefühl dir sagt, dass du Schutz brauchst. Am besten trägst du es an einer Kette um den Hals.

E. Visualisiere das Ziel deines Zaubers!

Definiere für dich ein Ziel, das du mit einem Zauber erreichen möchtest. Versuche, es möglichst genau zu formulieren, sei nicht vage, sondern präzise. Sag nicht: Ich möchte die große Liebe finden. Sag: Ich möchte, dass Paul mich liebt.

Jetzt versetze dich selber in diese neue Situation, die du ja erst noch erreichen möchtest. Stell dir einen genauen Ort vor, die beteiligten Personen und dich selber, so lebendig wie möglich. Wie fühlst du dich dabei?

Jetzt geh zum nächsten Schritt über: Wie fühlen sich die anderen mit dir in dieser Situation? Dies ist wichtig, damit du dir die Konsequenzen deines Handelns vorstellen kannst.

Wenn du nicht eine natürliche Gabe besitzt, wird es beim ersten Mal bestimmt nicht klappen. Die Technik der kreativen Visualisierung ist schwer zu beherrschen. Versuche es immer wieder und gib nicht auf. Du solltest diese Übung mindestens dreimal die Woche wiederholen.

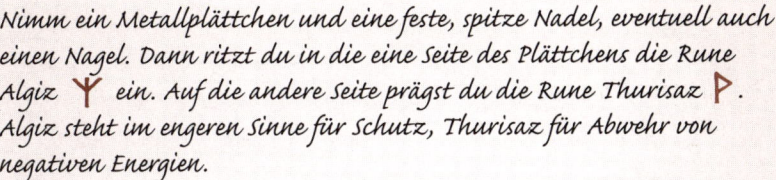

F. **Konzentriere dich!**

Suche dir eine ruhige Ecke. Konzentriere dich auf einen Gedanken, der dir wichtig ist. Spüre die Energie in deinem Inneren. Strecke die rechte Hand und den rechten Zeigefinger aus. Verfolge mit deiner Konzentration den Weg der Energie aus deinem Inneren, in deine Schulter, in deine Hand, in deinen Zeigefinger. Versuche, diese Spannung einige Zeit zu halten.

Kräuter- und Pflanzenkunde

*Wenn du dich schon mit Hexenwissen und Zauberei be-
schäftigt hast, wirst du wissen: Um die Kräuter- und Pflanzenkunde kommst du nicht herum! Die meisten Pflanzen
haben Heilkräfte, und es ist sehr nützlich, sie zu kennen –
auch als Nicht-Hexe. Als Hexe aber arbeitest du ganz besonders mit den Kräften der Natur, und dazu gehören die Heil-
und Zauberkräfte von Kräutern, Bäumen, Blumen und Grä-
sern.*

*Geh mit offenen Augen durch die Natur! Lies in Büchern
über Kräuter- und Pflanzenkunde! Du wirst erstaunt sein,
wie viel versteckte Kräfte in der Natur vorhanden sind. Du
denkst, Löwenzahn ist ein ganz alltägliches Unkraut? Weit
gefehlt, der Löwenzahn hat wichtige Heilkräfte und ist
unentbehrlich in vielen Zaubertränken.*

*Um die Heilkraft der Pflanzen weiß man schon seit Jahr-
hunderten – unsere heutigen Medikamente wären ohne dieses Wissen gar nicht denkbar. Jeder Apotheker kennt sich
gut in der Botanik aus. Du kannst ihn immer fragen, wenn
du das eine oder andere Kraut nicht identifizieren kannst
oder dir nicht sicher bist, ob du es verzehren, verbrennen
oder auf andere Art in deinen Zaubermixturen verarbeiten
kannst.*

❶ **Für welchen Zauber benötigst du Pfefferminze?**

a. Einen Abwehrzauber
b. Einen Morgenmuffelzauber
c. Einen Versöhnungszauber
d. Einen Liebeszauber

❷ **Welche Zutat brauchst du für einen Liebeszauber?**

a. Liebstöckel
b. Zimt
c. Pfeffer
d. Ringelblumen

❸ **Natürlich sind auch Rosen für einen Liebeszauber sehr wichtig. Für welchen Zauber können sie noch verwendet werden?**

a. Prüfungsangstzauber
b. Freundschaftszauber
c. Anti-Streit-Zauber
d. Schönheitszauber

❹ **Welche Kräuterkombination ist geeignet für einen Spaß-Zauber?**

a. Salbei, Pfefferminze und Zitrone
b. Lavendel, Vanille
c. Majoran, Lorbeer und Jasmin
d. Petersilie und Basilikum

❺ **Was repräsentiert der Apfel für uns Hexen?**

a. Er ist ein Sinnbild für die Liebe
b. Er ist ein Sinnbild für Zwietracht
c. Er repräsentiert den Neid
d. Er wird in Abwehrzaubern benutzt

6 **Was wehrt Rosmarin mit seinen Eigenschaften als Zauberkraut ab?**

a. Eine unerwünschte Liebe
b. Quälende Prüfungsangst
c. Neid und Missgunst
d. Einen bösen Fluch

7 **Was ist die besondere Zauberwirkung von Basilikum?**

a. Es fördert die Romantik in einer Beziehung
b. Es gibt dir den Mut, schwierige Entscheidungen anzugehen
c. Basilikum hat keine Zauberwirkung
d. Basilikum muss mit Tomaten und Mozzarella kombiniert werden. Erst dann entwickelt es seine Kraft als Liebeskraut.

8 **Welche Pflanze ist neben den Rosen sehr wirksam bei allen Liebeszaubern?**

a. Gänseblümchen
b. Kleeblatt
c. Brennnessel
d. Löwenzahn

9 **Fenchel wirkt gegen ...**

a. Einsamkeit
b. Zweisamkeit
c. Dreisamkeit
d. Familienstreit

10 **Kamille ...**

a. putscht auf
b. beruhigt
c. macht einen rosigen Teint
d. macht weiße Zähne

⑪ Kann man frische Salbei-Blätter essen?

a. Ja
b. Nein

⑫ Kann dir ein Bad mit einigen Tropfen eines ätherischen Vanilleöls bei Liebeskummer helfen?

a. Ja
b. Nein

⑬ Zimt ...

a. gehört ins Weihnachtsgebäck und ist kein Zauberkraut
b. gibt Mut
c. klärt den Blick
d. wehrt böse Mächte ab

⑭ Wie lagerst du getrocknete Kräuter?

a. Dunkel und trocken
b. Hell und feucht
c. Hell und in einem luftdicht verschlossenen Einmachglas
d. Gar nicht, getrocknete Kräuter müssen sofort verbraucht werden

⑮ Was ist Weihrauch?

a. Eine Pflanze, die man trocknet und dann verbrennt
b. Eine Zigarettenmarke
c. Das getrocknete Harz des Weihrauchbaums
d. Der Rauch einer Kerze, die du nach dem Weiheritual entzündest

⑯ Bei welcher Temperatur keimt dein Saatgut am besten?

a. -10° C
b. 20° C
c. 3° C
d. 30° C

Übungen

A. Ziehe dein eigenes Zauberkraut!

Suche dir dein Lieblingskraut und ziehe es zu Hause selber. Zuerst suchst du alle notwendigen Utensilien zusammen: Topf, Anzuchterde, Samen, Gießkanne und Schaufel. Für ganz kleine Samen (z.B. Petersilie) nimmst du am besten eine ganz flache Schale und topfst die Pflänzchen dann um, wenn sie schon ein wenig gewachsen sind. Du füllst zuerst ein wenig Erde ein und drückst die Samen dann mit den Fingern leicht an. Achte darauf, dass die Samen flach liegen, das heißt, dass jeder Samen seinen Platz findet und nicht mit den anderen um Erde konkurrieren muss. Bei den meisten Samen musst du noch ein wenig Erde obenauf streuen. Große Samen (wie die Kapuzinerkresse) kannst du auch direkt in die Erde im Topf drücken, nachdem du einfach mit dem Finger ein Loch hinein gebohrt hast.

Die „Aussaat", also die frisch gelegten Samen, gießt du vorsichtig mit Wasser. Anschließend stellst du die Töpfe an einen ruhigen, möglichst windgeschützten Ort. Versuche, einen Platz zu finden, an dem eine durchgängige Temperatur von 20° C gewährleistet ist, denn das ist die Wärme, bei der das Saatgut am besten keimt. Und dann schützt du alles mit einer Folie. Achtung – durchsichtig muss sie natürlich sein, damit die Samen auch Licht bekommen. Ohne Licht kann nichts wachsen! Sobald du die Keimlinge auf der Erdoberfläche erkennen kannst, darfst du die Abdeckung abnehmen.

B. Mache deinen eigenen Weihrauch!

Du kannst ganz einfach deine eigene Weihrauchmischung herstellen, die du dann während eines Rituals verbrennst. Ganz besonders gut passt dieses Räucherwerk zu deiner Selbstinitiierung, die du durchführen kannst, wenn du deine Hexenprüfung erfolgreich bestanden hast.

Du benötigst:

- *Zwei Esslöffel pulverisierten Weihrauch*
- *Einen Esslöffel pulverisierte Schwertlilienwurzel*
- *Einen Teelöffel pulverisierte Gewürznelken*
- *Einen Teelöffel Zitronenöl*

Erst vermischst du Weihrauch, Schwertlilienwurzel und Gewürznelken. Dann rührst du das Zitronenöl unter. Diese Mischung musst du luftdicht verschließen. Dann musst du drei Monate Geduld haben, bevor du den Weihrauch verbrennen kannst!

Steinkunde

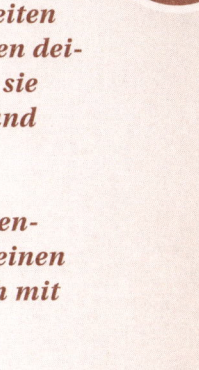

Jede Hexe muss die Macht der Steine zu nutzen wissen. Sie haben magische Kräfte und werden seit Jahrhunderten – wenn nicht Jahrtausenden! – zur Abwehr von Krankheiten und zum Schutz vor bösen Mächten genutzt. Sie können deinen Zauber verstärken und ihn verlängern, indem du sie anschließend bei dir trägst und bei Bedarf mit der Hand umschließt.

Die Bedeutung der Steine solltest du also unbedingt kennen. Darüber hinaus musst du wissen, wie du sie in deinen Ritualen richtig einsetzt. Und du musst dich natürlich mit ihrer Pflege auskennen!

❶ Was bedeutet es, wenn du Steine „entlädst"?

a. Du lässt die elektrische Spannung ab
b. Du wirfst verbrauchte Steine weg
c. Du ziehst negative Energien aus den Steinen, um sie für positive frei zu machen
d. Du trennst Steine nach Eigenschaften, damit sie „rein" bleiben

❷ Welchen Stein kannst du zum Entladen deiner Edel- und Halbedelsteine benutzen?

a. Hämatit
b. Türkis
c. Karneol
d. Zitrin

❸ Jedes Sternzeichen hat „seine" Steine, die besonders gut zu ihm passen und seine Stärken hervorheben und seine Schwächen ausgleichen. Welcher Stein passt nicht zum Fisch?

a. Jade
b. Opal
c. Jaspis
d. Türkis

❹ Welcher Aspekt ist bei der Wirkung eines Steins wichtig?

a. Seine Form
b. Seine Farbe
c. Dass er zu deinem Outfit passt
d. Sein Alter

❺ Welche Farbe hat der Bergkristall?

a. Gelb
b. Blau
c. Keine, er ist durchsichtig
d. Grün

❻ Welcher Stein verstärkt die Energie eines Liebeszaubers?

a. Lapislazuli
b. Katzenauge
c. Hämatit
d. Rosenquarz

❼ Bei welchem Zauber hilft dir der Türkis?

a. Seine reinigende Kraft hilft mir bei einem Fett-weg-Zauber
b. Seine beruhigende Kraft hilft mir bei einem Einschlaf-Zauber
c. Er bringt Weisheit, deshalb hilft er mir beim Lernen
d. Er bringt Glück, deshalb wird er mir bei meiner Prüfung helfen

❽ Was machst du mit einem Stein, den du während des Zaubers verwendet hast, nachdem das Ritual beendet ist?

a. Du wirfst ihn weg. Nach dem Zauber ist er nichts mehr wert
b. Du trägst ihn bei dir. So kannst du seine Kraft über das Ritual hinaus nutzen
c. Du musst ihn sofort wieder entladen, um ihn von negativen Energien zu befreien
d. Du verwahrst ihn, kannst ihn aber nie wieder in einem Ritual verwenden, da seine Energien verbraucht sind

❾ Welcher Stein unterstützt besonders gut deine Willens-kraft, wenn du ihn immer bei dir trägst?

a. Onyx
b. Rosenquarz
c. Türkis
d. Tigerauge

❿ Das Katzenauge ist bekannt als Glücksbringer. Was ist seine Heilwirkung?

a. Lindert Kopfschmerzen
b. Zaubert Hühneraugen weg
c. Hilft gegen Erkältungen
d. Fördert Hexenwarzen auf der Nase

Übungen

1. Suche dir deinen persönlichen Glücksstein und trage ihn immer bei dir!

Dieser Stein kann der sein, der zu deinem Sternzeichen passt, oder einfach einer, der dir wegen seiner Eigenschaft und seiner Zauberwirkung gut gefällt. Am besten trägst du ihn an einem Lederband um den Hals. Dafür kaufst du dir einen so genannten „Donut", einen Stein in runder, flacher Form mit einem Loch in der Mitte, durch das du das Band ziehen kannst. Eine andere Möglichkeit sind die Armbänder aus echten Steinen. Beides findest du in Esoterik-Läden.

Die Kunde von den Zaubertränken

Seit Jahrhunderten wissen Hexen die Energie der Pflanzen, insbesondere der Kräuter, in Zaubermixturen zu nutzen. Die Regeln der Natur, die Energien der vier Elemente – Feuer, Wasser, Erde und Luft – und die magische Kraft von Sonne und Mond sind dabei von großer Bedeutung.

Kräuter sind natürlich ganz wichtig beim Mixen deines Zaubertrankes. Sie haben eine „offizielle" Heilwirkung, die jeder Apotheker und Mediziner kennt. Sie haben aber auch eine Zauberwirkung, die nur uns Hexen bekannt ist. Der Löwenzahn zum Beispiel hat eine reinigende Wirkung, er „spült" quasi deine Nieren und ist deshalb – in regelmäßigen Abständen – sehr gesund. Er hat aber auch eine Zauberwirkung, die nur uns Hexen bekannt ist: Er wehrt negative Energie ab und schützt dich vor fremden Einflüssen, indem du dich wieder besser auf dich selber und das, was du willst, konzentrieren kannst.

Mit der Kunst der Zaubertränke kommst du nun schon zum fortgeschrittenen Teil der Hexenprüfung. Tränke und Sprüche – diese beiden Fächer beherrschen nur die wirklichen Hexen! Schau mal, wie weit du bei den Prüfungsfragen kommst – bei Bedarf musst du dich einfach noch einmal über deine Hexenbücher beugen und pauken ...

❶ Muss man Zaubertränke trinken können?

a. Ja, sonst würde es ja nicht „Tränke" heißen
b. Nein, es geht vor allem um die richtigen und wirksamen Mixturen

❷ Wobei kann dir Basilikumöl helfen?

a. Es verhilft dir zu einer besseren Konzentrationsfähigkeit
b. Es gibt dir Mut
c. Es hilft dir beim Einschlafen
d. Es würzt deinen Tomatensalat besonders gut

❸ Wen kannst du fragen, wenn du dir bei den Eigenschaften eines Krautes oder einer anderen Zutat einmal unsicher bist?

a. Eine Freundin
b. Einen Apotheker
c. Einen Gärtner
d. Du probierst es einfach einmal aus, wird schon gut gehen!

❹ Kannst du mit einfachen getrockneten Früchten einen Zaubertee herstellen?

a. Ja, einfach mit Wasser aufgießen und ziehen lassen
b. Nein, es müssen noch andere Kräuter dazukommen

❺ Welches Element rufst du zur Unterstützung, um dein Teewasser mit Energie aufzuladen?

a. Erde
b. Wasser
c. Luft
d. Feuer

6 **Welche Wirkung hat eine Ringelblumensalbe?**

a. Entzündungshemmend. Sie wirkt gut gegen unreine Haut und gegen Pickel
b. Sie macht weiße Zähne, wenn du sie dir regelmäßig damit putzt – statt Zahnpasta
c. Ringelblumensalbe ist die so genannte „Flugsalbe" für Hexen. Damit reiben wir unseren Besen ein, damit er fliegen kann
d. Diese Salbe gibt man in die Erde zu den Ringelblumen, damit sie besser wachsen

7 **Welche Zutaten brauchst du für die Herstellung eines Zauberparfums?**

a. Terpentin, Milch und getrocknete Kräuter
b. Wein und frische Kräuter
c. Essig und getrocknete Kräuter
d. Reinen Alkohol, Wasser und ätherische Öle

8 **Wo bewahrst du deine Zaubertränke am besten auf?**

a. Im Kühlschrank
b. Im Kleiderschrank
c. Auf deinem Altar
d. Unter deinem Kopfkissen

9 **Mit welchem Werkzeug schneidest du am besten die Kräuter für deinen Zaubertrank?**

a. Mit einer goldenen Sichel
b. Mit einem Taschenmesser
c. Mit einem Athame mit weißem Griff
d. Mit einem gewöhnlichen Küchenmesser

Übungen

A. Stell dein eigenes Basilikumöl her!

Du benötigst:

- *Eine Flasche kaltgepresstes Olivenöl oder Traubenkernöl*
- *Eine Flasche mit festem Korkverschluss*
- *Getrocknetes Basilikum*

Du gibst das Öl in die Flasche und dazu einige Esslöffel Basilikum (auf einen Liter zwei Esslöffel, auf einen halben Liter einen Esslöffel).

Dann verschließt du die Flasche fest und luftdicht und lässt sie drei Wochen an einem dunklen und kühlen Ort stehen. Nicht im Kühlschrank, denn Kälte mögen Öle nicht. Vielleicht eignet sich ja dein Altar als Aufbewahrungsort? Dann ist dies ein idealer Platz, denn das Öl profitiert von dem magischen Kraftfeld, das du dort aufgebaut hast.

B. Stell einen Liebestrank mit getrockneten Äpfeln her!

Mit einem getrockneten Apfel kannst du einen ganz einfachen Liebestrank herstellen, denn – du erinnerst dich hoffentlich! – der Apfel ist die Frucht und das Symbol der Liebe.

Du kaufst im Supermarkt getrocknete Äpfel (oder trocknest sie selber!) und schneidest sie in kleine Stücke. Achte darauf, dass der Apfel tatsächlich richtig getrocknet ist und nicht an einigen Stellen fault! Dann legst du die Stücke in eine Teekanne und übergießt sie mit kochendem Wasser. Früchte benötigen länger als Kräuter, um ihr Aroma und ihre Kraft im Wasser zu entfalten. Also habe Geduld und probiere ab und zu, ob dir dein Liebestrank schon schmeckt.

Dann zuckerst du ihn nach Belieben. Entweder trinkst du ihn selber, oder du servierst ihn der Person, deren Interesse du wecken möchtest.

Die Kunde von den Zaubersprüchen

Nun kommen wir zur Königsdisziplin der Hexen – den Zaubersprüchen! Kennst du Regel Nr. 7: Unterschätze nie die Kraft des Wortes? Ein großer Teil deiner magischen Energie wird in die Worte deines Zauberspruches gelegt. Der Spruch bildet den „Rahmen" für den eigentlichen Zauber – in ihm wird dein Wille als Hexe formuliert und auf den Punkt gebracht.

Natürlich gehört zu einem richtigen Zauberspruch auch das Handwerk: den magischen Kreis ziehen, klassische Formeln auswendig lernen, die Mondphasen nutzen, die Elemente anrufen, den richtigen Stein auswählen, das passende Kraut verbrennen. Du siehst also, der Zauberspruch führt alle anderen Disziplinen zusammen.

Mein Tipp zum Schluss: Wenn du dir vor Augen hältst, wie machtvoll das Wort in unseren Zaubern sein kann, wirst du verstehen, dass eine Hexe nie unbedacht plaudern sollte!

❶ Wie wendet man die magische Formel ABRACADABRA an?

a. Indem du die Formel dreimal laut sagst
b. Indem du mit deinem Zauberstab einen Gegenstand berührst und die Formel laut sagst
c. Indem du die Formel sagst und dabei immer einen Buchstaben weglässt, bis schließlich nur noch das A übrig bleibt
d. Die Formel ABRACADABRA gibt es nur im Märchen

❷ Zu welcher Tageszeit ist der Energielevel für einen Zauberspruch am höchsten?

a. Morgens
b. Mittags
c. Abends
d. Nachts

❸ Welches Element rufst du in der Weihe deiner Hexenwerkzeuge als Erstes an?

a. Luft
b. Erde
c. Wasser
d. Feuer

❹ In welche Richtung ziehst du den magischen Kreis?

a. Gegen den Uhrzeigersinn
b. Mit dem Uhrzeigersinn
c. Die Richtung ist unwichtig
d. In beide Richtungen

❺ Womit endet das Energieritual, mit dem du die Zutaten deines Zaubertrankes mit deiner magischen Kraft auflädst?

a. Du legst die Handflächen auf alle Zutaten und sagst: „Ich übertrage dir einen Teil meiner Energie. Auf dass du diese Kraft weitergibst und das geschehe, was mein Wille ist.“

b. Du wäschst deine Zutaten – fertig!

c. Du verbrennst einen Rosmarinzweig über einer Kerze

d. Es gibt kein Energieritual für die Zutaten eines Zaubertrankes

❻ Für einen Anti-Streit-Zauber für deine Familie benötigst du …?

a. Pfefferminzöl und eine Kordel, die du während des Rituals durchtrennst

b. Federn in der Anzahl der Mitglieder deiner Familie, Kordeln in der gleichen Anzahl, die du während des Rituals miteinander verflichtst, und drei rote Kerzen

❼ Was ist ein Mantra?

a. Eine komplizierte Yoga-Position

b. Ein Reptil, das sich Magier im Mittelalter als Haustier gehalten haben

c. Eine magische Formel, die du regelmäßig wiederholst

d. Eine Automarke von Opel

❽ In welcher Mondphase ist ein Zauber besonders wirksam, der dir bei deinen guten Vorsätzen Kraft geben soll?

a. Vollmond

b. Abnehmender Mond

c. Mondphasen haben keine Bedeutung für Zaubersprüche

d. Neumond

❾ Und weil das Fach „Mondphasen" für uns Hexen besonders wichtig ist, kommt hier nun eine zweite Frage: In welcher Mondphase sind Liebeszauber besonders wirksam?

a. Abnehmender Mond

b. Zunehmender Mond

c. Vollmond

d. Neumond

⑩ Was ist eine Sigille?

a. Der Vorname einer berühmten Hexe
b. Ein Hexenwerkzeug, mit dem du Symbole in deine Kerzen schnitzt
c. Ein geheimes Zeichen, in dem dein Wille als Botschaft versteckt ist
d. Eine Libellenart

⑪ Müssen sich Zaubersprüche reimen?

a. Ja
b. Nein

⑫ Was ist wichtig, wenn du deine eigenen Zaubersprüche schreibst?

a. Sei kreativ, Zaubersprüche sind der Ausdruck deines eigenen individuellen Willens
b. Halte dich an die Regeln, Zaubersprüche müssen nach bestimmten Grundsätzen verfasst werden
c. Sei so vage wie möglich in der Formulierung deiner Zaubersprüche, dann kann deine magische Energie ihren Weg alleine finden
d. Du darfst keine eigenen Sprüche schreiben, sondern musst dich an die alten, überlieferten Sprüche halten

⑬ Mit welcher Formel beendest du einen Zauberspruch?

a. Schluss jetzt
b. Dies ist mein Wille, also geschehe es
c. Ich hoffe, mein Zauber wird Wirklichkeit
d. Es gibt keine Schlussformel

Übungen

A. Führe einen Freundschaftszauber durch

Der Freundschaftszauber ist wie der Liebeszauber ein schwieriger Zauber. Wenn du diesen Zauber beherrschst, bist du ein gutes Stück weiter auf deinem Weg zum Hexendiplom!

Freundschaft ist ein komplexer Strom von Energie, der zwischen zwei Menschen fließt, die in Freundschaft verbunden sind. Wenn du einen Zauber ausübst, um wahre und treue Freundschaft zu erreichen, dann musst du wissen, dass du nicht nur an die andere Person denken darfst und was diese alles für dich tun soll. Freundschaft beruht auf Gegenseitigkeit, und das bedeutet, dass du genauso darüber nachdenken musst, was du für deine Freunde tun kannst. Nur so kann der Zauber wirken.

Du benötigst:

- *Ein Foto deines Freundes*
- *Zehn Rosenblütenblätter*
- *Getrockneten Fenchel für deine Räucherschale (alternativ kannst du dir auch einen Fencheltee brauen)*
- *Eine Schale Wasser*

Du ziehst den magischen Kreis. Dann legst du das Foto des Freundes auf den Altar. Jetzt zündest du den Fenchel an und lässt ihn verkohlen oder trinkst einen Schluck Tee. Du setzt dich vor die Schale mit Wasser und schaust konzentriert auf die Oberfläche. Atme ruhig und gleichmäßig.

Jetzt lass deine Gedanken zu deinem Freund wandern. Du legst langsam nacheinander alle Rosenblütenblätter auf die Wasseroberfläche. Dabei stellst du dir Situationen vor, in denen du mit deinem Freund zusammen bist. Was tut ihr gerne zusammen? Wobei soll dein Freund dich unterstützen? Wie sollte er das tun? Was kannst du für deinen Freund tun? Wo könnte er deine Unterstützung brauchen?

Dann nimm die Schale in beide Hände und sag:

Wie mein Inneres ist auch mein Äußeres.
Offen liegen alle meine Schwächen und Stärken.
Mein Wunsch ist rein
Und ohne Hintergedanken,
Nur unsere Freundschaft zählt.
Vertraue mir, denn ich vertraue dir.
Verbunden soll'n wir sein auf ewig.

Dies ist mein Wille, also geschehe es.

Dann nimmst du die Rosenblätter aus der Schale und legst sie auf das Foto deines Freundes. Du lässt sie dort langsam trocknen. Jetzt trinke deinen Tee aus. Dann löst du den magischen Kreis auf.

Probiere den Freundschaftszauber auch einmal gemeinsam mit deinem Freund oder deiner Freundin aus. Das verstärkt den Zauber. Unterhaltet euch vorher darüber, worum es euch bei dem bevorstehenden Ritual geht. Es ist nicht schlimm, wenn für jeden von euch beiden etwas anderes besonders wichtig ist.
Setzt euch nach dem Ritual noch einmal zusammen und erzählt euch, was ihr während des Zauberspruches erlebt und empfunden habt.

B. Fokussiere deine innere Kraft durch Meditation!

Meditation ist das A und O unserer Zaubersprüche. Denn durch sie kannst du deine innere magische Kraft aktivieren. Dabei ist es nicht einfach, richtig zu meditieren. Führe folgende Übung regelmäßig durch, dann wird es mit der Zeit schon klappen!

Setze dich in den Lotus- oder in den Schneidersitz. Lege die Hände auf beide Knie, Handflächen nach oben. Die Fingerspitzen von Zeigefinger und Daumen berühren sich und bilden einen Kreis. Schließe die Augen und konzentriere dich auf deinen Atem. Versuche, ganz kontrolliert und langsam ein- und auszuatmen. Atme geräuschvoll, spüre den Zug der Luft in deinem Körper. Stell dir nun vor, wie gelbes, warmes Licht von deinem Po aus über deine Wirbelsäule durch deinen Oberkopf nach außen fließt. Spüre die Wärme!

Anschließend beendest du deine Meditation mit immer demselben Satz, den du dir frei aussuchen kannst. Es muss nur immer derselbe sein, denn es handelt sich hierbei um dein persönliches Meditationsmantra.

C. Übe einen schnellen und praktischen Abwehrzauber!

Durch bestimmte Körperstellungen und ihre Symbolkraft kannst du deinen Geist auf ein konkretes Ziel einstellen und deine magische Energie dirigieren. Du kannst dir für diese Haltungen dir bekannte Symbole zum Vorbild nehmen, wie z.B. die Thurisaz-Rune ᚦ. Diese Rune stellst du dann ganz einfach nach: Du streckst einen Arm gerade nach unten und winkelst den anderen an, indem du die Hand in die Hüfte stützt. Probiere diese Stellung einmal aus, konzentriere dich und spüre, wie deine positive Energie durch deinen Ellbogen nach außen strömt.

Wenn du das nächste Mal einen schlechten Einfluss spürst, z.B. die Anwesenheit einer Person, die neidisch auf dich ist oder dir Böses wünscht, dann nimm unauffällig die Thurisaz-Stellung ein. Du wirst dich gleich geschützt und stärker fühlen!

3

Die Auflösungen

Hexengeschichte

❶ d. Ein Handbuch der Hexenverfolgung

Es handelt sich tatsächlich um eine Anleitung zu den grausamen
Hexenprozessen, die während der Inquisition überall in Europa
durchgeführt wurden. Die Inquisition dauerte über mehrere Jahrhunderte an (von Anfang des 13. Jahrhunderts bis in das 16. Jahrhundert hinein), mal war die Verfolgung stärker, mal schwächer –
aber immer war sie verheerend für die weisen Frauen, die sich mit
Kräutern und allgemeiner Heilkunde auskannten. Aberglaube und
Unwissen führten dazu, dass man diesen Frauen, die mehr wussten
und daher oft unerklärliche Heilungen bewirken konnten, mit großem Misstrauen entgegentrat und der Überzeugung war, dieses
Wissen käme vom Teufel und den dunklen Mächten. Die Kirche selber führte die offiziellen Inquisitionen durch, denn sie setzte das
Hexenwesen mit schwarzer Magie und Satanismus gleich.

Der HEXENHAMMER wurde im Jahre 1487 von den beiden Inquisitoren und Dominikanermönchen Heinrich Institoris und Jakob
Sprenger geschrieben. Sie beschreiben darin das Treiben der Hexen
und der Dämonen und geben schließlich eine detailgetreue Anleitung für das Aufspüren und Befragen von potenziellen Hexen.

❷ c. Eine päpstliche Anklageschrift gegen Hexen aus dem 15. Jh.

In der Hexenbulle klagte Papst Innozenz VIII. viele Frauen und
Männer in deutschen Städten an, mit dem Teufel im Bunde zu stehen
und Schwarzmagie zu betreiben, und gab den Befehl zur erneuten
Inquisition. Den Inquisitoren waren bei ihrer Suche nach Hexen alle
Mittel erlaubt.

Das lateinische Wort „Bulle" bedeutet „Siegelkapsel". Im Mittelalter
wurden Urkunden und feierliche päpstliche Erlasse „Bulle"
genannt. Sie waren meist durch ein Metallsiegel gesichert.

❸ a. Pflanzenkunde

> **Hast du's gewusst?**
> *Das solltest du aber! Wenn nicht, musst du dich noch einmal eingehender mit Pflanzenkunde und ihrer Geschichte befassen. Und vor allem den folgenden Text aufmerksam durchlesen!*

Hildegard von Bingen lebte von 1098-1179 und war Äbtissin in einem Benediktinerinnen Kloster und eine berühmte Naturforscherin. Kaiser und Päpste suchten ihren Rat, und bis heute sind ihre Lehren die Basis für einen ganzheitlichen Umgang mit Natur und ihren Lebewesen.

Ihre naturkundlichen und medizinischen Schriften entstanden zwischen 1150 und 1160. Sie sind Kompilationen aus volkskundlichen Erfahrungen, antiker Überlieferung und benediktinischer Tradition. Die mittelalterliche Medizin und damit auch die Natur- und Heilkunde Hildegard von Bingens war ganz wesentlich geprägt vom Geist der Heiligen Schrift und der Benediktusregel. Diese haben ein ganzheitliches Bild des gesunden und des kranken Menschen geliefert. Ganzheitlich, das heißt: Alle Dinge stehen miteinander in Verbindung und bedingen sich gegenseitig. Daher kann man zur Lösung eines Problems nicht nur an einer Stelle ansetzen, man muss den gesamten Zusammenhang sehen. In ihren Schriften schlug Hildegard von Bingen konkrete Wege zu einer gesunden Lebensordnung und Lebensführung vor und verbreitete die Kunde von Heil und Heilung des Menschen. Dabei betont sie die ursprüngliche Harmonie des Menschen mit Gott und dem ganzen Kosmos, die für sie der Heilszustand schlechthin ist.

❹ d. Ein Arzt und Philosoph des 15. Jh., der durch sein magisches und medizinisches Wissen einen großen Einfluss auf das Hexenwesen hatte

Und zwar lebte er von 1486 bis 1535. Er war Arzt, Jurist und Philosoph und stammte von einem reichen Rittergeschlecht ab. Neben seinen medizinischen und juristischen Tätigkeiten (für das Mittelalter und die Renaissance keine ungewöhnliche Kombination) beschäftigte er sich mit Geheimwissenschaften und magischen Künsten. Eines seiner berühmten Werke heißt: *De occulta philosophia* (1510). Wegen dieser kontroversen Schrift wurde er der Ketzerei beschuldigt.

❺ c. In der Nacht zum 1. Mai

Die Walpurgisnacht ist der wichtigste Hexensabbat. Wir feiern die Liebe und die Fruchtbarkeit, indem wir uns draußen in der Natur treffen, ein großes Feuer anzünden und einfach zusammen Spaß haben. In dieser Nacht wird der Winter endgültig bezwungen, die Natur erwacht, und der Frühling beginnt. Darüber hinaus symbolisiert dieses Fest für uns unsere Unabhängigkeit als Hexen.

❻ a. Das ist der Name für ein Wesen, das auf einem Zaun sitzt, mit einem Bein in der menschlichen Welt, mit dem anderen in der Zauberwelt

So komisch das klingen mag, aber Antwort a. ist goldrichtig! Das Wort entwickelte sich über Jahrhunderte aus den althochdeutschen Worten hagzissa oder hagazussa. Das bedeutet auch, dass die Ursprünge des Hexentums auf das germanische Altertum zurückgehen.

Ich finde dieses Bild, der Hexe, die in beiden Welten lebt, sehr gut, denn es greift die Zweideutigkeit deines Daseins als Hexe auf. Du stehst natürlich ganz im Leben, weißt nicht nur mit der Natur und ihren Früchten umzugehen, sondern beschäftigst dich auch mit ganz alltäglichen Problemen. Auf der anderen Seite beschwörst du Kräfte und dirigierst Energien, die man mit Händen nicht fassen kann und deren Ergebnisse oft nur schwer wissenschaftlich nachzuprüfen sind.

❼ d. Einer der berühmtesten Zauberer der Neuzeit

Harry Houdini lebte von 1874-1926 und arbeitete weltweit sehr erfolgreich als Magier und Entfesslungskünstler, der sich von Stricken und Handschellen befreien konnte. Seine Zaubertricks sind legendär! Aber es waren eben nur Tricks, die auf Illusion und Geschicklichkeit beruhten. Aber später beschäftigte er sich ernsthaft mit Philosophie und Spiritismus, deckte auf diesem Gebiet zahlreiche Schwindeleien auf und verfasste mehrere Bücher darüber. Gegen Ende seiner Karriere zeigte er mit seinen Bühnenshows offen, wie man spiritistische Betrügereien entlarvt.

Falls du auf Antwort a. getippt hast: Leider hat kein einzelner Papst oder Herrscher mit einem Gesetz oder einem einzelnen Erlass der Hexenverfolgung ein Ende setzen können. Diese fand aber zu Beginn des 18. Jahrhunderts durch die geistige Bewegung der Aufklärung und ihren Kampf gegen den Aberglauben dennoch ihr Ende, obgleich der Aberglaube und die Angst vor bösen Zaubern bis heute anhalten.

❽ b. Weil an diesem Tage die Sonne am höchsten steht

Am 21. Juni kommen der längste Tag und die kürzeste Nacht zusammen. An diesem Tag ist die Kraft der Sonne auf ihrem Höhepunkt, deshalb wirken alle Zauber besonders gut! Wenn dir also etwas sehr am Herzen liegt, solltest du den entsprechenden Zauber unbedingt am 21. Juni ausführen. Das Fest begehen wir, indem wir uns und unseren Altar mit Blumen schmücken.

Falls du Antwort d. gewählt hast, solltest du wissen, dass wir kein Fest ohne einen besonderen Grund feiern!

❾ c. Alte Schrift- und Symbolzeichen

Runen sind die ältesten Schriftzeichen der germanischen Völker. Sie sind die Vorläufer unserer heutigen Buchstaben. Schon in alten römischen Schriften (die Römer führten einige Feldzüge in Germanien durch) findet man Hinweise darauf, wie die Germanen mit Hilfe von Runen die Zukunft vorhergesagt haben. Der Begriff „Rune" ist in der altdeutschen Sprache gleichbedeutend mit „Geheimnis". Es existiert ein richtiges Alphabet der verschiedenen Runen und ihrer Bedeutung (siehe DAS BUCH DER MAGIE, Yan d'Albert, Egmont vgs verlagsgesellschaft).

Du kannst Runen in deinen Zaubern und Ritualen verwenden, wie z. B. die Rune Y, Algiz, die Schutz bedeutet. Du kannst sie in einen Metallanhänger einritzen und diesen deinem Haustier am Halsband umhängen. Schon hast du einen ganz einfachen – aber wirksamen – Schutztalisman für dein Haustier!

Hexengrundsätze

❶ a. Tu, was du willst, und schade keinem!

Das ist unser Motto, der Grundsatz der weißen Magie. Bitte denke einmal einige Augenblicke darüber nach, was es bedeuten könnte. Gerade wenn du dich für die Hexenkunst interessierst, willst du manchmal ganz fest gerade das, was einem anderen schadet – aus Rache, Wut oder Enttäuschung. Dies ist kein Grund, deine magischen Kräfte anzuwenden! Niemals darf ein lebendes Wesen zu Schaden kommen. Du darfst dich bei magischen Handlungen nie auf diese Energien konzentrieren. Denn – und nun kommen wir zu einem weiteren wichtigen Grundsatz – was wir aussenden, kommt in dreifacher Kraft zu uns zurück.

„Tu was du willst, egal was passiert!" und „Dein Wille ist Gesetz!" bedeuten zwar, dass das, was du willst, im Mittelpunkt jedes Zaubers steht. Aber es fehlt eben der entscheidende Aspekt: Es darf niemandem schaden.

❷ d. Weiße Magie will helfen, schwarze Magie will manipulieren

Schwarze Magier wollen mit ihren Zaubern andere Menschen beherrschen. Sie wollen das erzwingen, was ihr Wille ist – auch wenn sie wissen, dass es gegen den Willen eines anderen ist. Sie benutzen ihre Macht, und es ist ihnen gleich, ob sie dabei jemandem schaden. Sie denken nicht über die langfristigen Konsequenzen eines Zaubers nach.

Weiße Magie ist anders. Unsere oberste Maxime ist: Tu, was du willst, und schade keinem. Ein fester Wille ist wichtig, denn er setzt die Energien frei, die notwendig sind, um Veränderungen herbeizuführen. Aber weiße Magier denken darüber nach, was ihr Zauber langfristig bewirken kann. Sie wollen niemanden kontrollieren – sie wollen den positiven Kräften um sich herum Anstöße geben.

Auch Antwort c. ist nicht 100%ig falsch. Sie vereinfacht die Sache jedoch viel zu sehr. Gut und böse sind Begriffe, die in ihrer Ausschließlichkeit sehr schwer anzuwenden sind. Wir haben es in unserem täglichen Leben sehr selten mit Schwarz oder Weiß zu tun – sondern eher mit verschiedenen Grautönen. Viel einfacher ist es, sich über die eigenen Beweggründe klar zu werden. Und da findet sich auch der wichtigste Unterschied zwischen weißer und schwarzer Magie.

Denke immer daran: Wenn du durch eine magische Handlung ein Ereignis in Gang setzt, hat das Konsequenzen. Darüber musst du dir im Klaren sein. Deswegen liegt mir viel daran, dass du dir deiner besonderen Kraft und ihrer Verantwortung voll bewusst bist. Du musst sie gewissenhaft anwenden, sonst schadest du jemandem – und verstößt damit gegen unsere oberste Regel – , ohne es vorausgesehen zu haben!

Und zu guter Letzt will ich dir noch ein Zitat von Rudolf Steiner mit auf den Weg geben, der den wichtigsten Unterschied zwischen weißer und schwarzer Magie sehr gut zusammenfasste: „Der weiße Magier will den anderen Seelen das geistige Leben geben, das er in sich selbst trägt."

❸ b. Lebe im Einklang mit der Natur

Diese Regel geht auf die Nähe der Hexe zur Natur ein. Rituale und weiße Magie werden vom Rhythmus der Natur bestimmt und wesentlich geprägt von Mondphasen und den vier Jahreszeiten. Modernes Hexentum definiert sich über diese Nähe. In der Natur wirst du dein Zentrum finden und lernen, ihre Kraft zu nutzen.

Warum ist dieser Punkt so wichtig? Weil du dich als Teil eines großen Ganzen sehen musst, wenn du tatsächlich eine Hexe werden willst. Alle Dinge im Universum sind miteinander verbunden. Alles wirkt auf dich ein, und du wirkst auf alles ein. Das macht deine kreative Energie aus, hier findest du dein Zentrum. Nicht du als Individuum hast Macht, sondern du als Teil des Universums, als Teil der Natur kannst Dinge bewirken. Diese Macht wirst du erst entdecken, wenn du erkennst, dass du Teil von etwas Großem bist – und die Regeln dieses großen Ganzen verstehen und nutzen lernst.

❹ d. Plaudere nichts aus, was dir von anderen während des Rituals anvertraut wurde!

Es ist sehr wichtig, dass du das, was innerhalb des Kreises während der Zeremonie geschehen ist, nicht unüberlegt weiter erzählst. Wenn dir deine Freundinnen ein Geheimnis anvertraut haben oder während des Rituals um Stärke gebeten haben, um eine ihnen peinliche Schwäche zu überwinden, dann musst du dieses Wissen vertraulich behandeln. Enttäusche das Vertrauen niemals, das deine Mit-Hexen in dich setzen. Einzig und allein wenn du dir sicher bist, großen Schaden nur so abwenden zu können, indem du dein Wissen mit anderen teilst – mit deinen Eltern, deinen Geschwistern, deiner besten Freundin oder auch Lehrern –, dann darfst du diese Regel brechen.

Hast du's gewusst?

Eine Dankeszeremonie ist nicht notwendig. Die Kräfte der Elemente standen dir in deinem magischen Zirkel bei. Mit dem Auflösen des Kreises hast du ihnen genug Achtung gezollt.

Und natürlich kannst du mit denselben Leuten wieder ein Ritual durchführen! Das solltest du sogar tun, denn nur so kannst du Mitverbündete finden, mit denen du dich regelmäßig austauschen kannst.

Und, wer weiß, vielleicht bildet ihr ja eines Tages zusammen einen Hexenkonvent!

❺ b. Achte auf deine Gesundheit

Dein Körper ist ein Heiligtum! Deine mentale Kraft ist eng mit deiner körperlichen Kraft verbunden. Es gibt keine Teilung. Nur wenn dein Körper gesund ist, wirst du deine magische Energie so lenken können, dass sie zielgerichtet ist und sich garantiert positiv auswirkt. Zaubersprüche und Rituale solltest du nicht durchführen, wenn du krank bist oder dich schlecht fühlst. Deine magische Kraft könnte ihren Charakter ändern!

Hast du's gewusst?

Nein? Dann schau dir noch einmal die 13 Regeln einer guten Hexe am Ende des Buches an. Solltest du Antwort d. gewählt haben, hast du bei den vorangegangenen Fragen nicht aufgepasst! Immerhin handelt es sich dabei um die wichtigste Regel der weißen Magie und ist damit Regel Nr. 1.

❻ c. Damit du deine mentale Kraft bündeln kannst

> **Hast du's gewusst?**
> *Solltest du aber! Denn Meditation, das wirst du als Hexe wissen, ist das A und O deiner Konzentration. Und ohne Konzentration gibt es keine Zauberkraft!*

Nur durch diese Bündelung in der Meditation kannst du deine Kraft gezielt einsetzen. Richtige Meditation ist sehr schwer, sei also nicht zu streng mit dir selbst. Nimm dir einfach jeden Tag ein wenig Zeit, suche dir einen ruhigen Platz und lasse deine Gedanken schweifen, ohne an etwas Bestimmtes zu denken, ohne Ablenkung und Zerstreuung. Versuche vor allem, nicht an das zu denken, was dich ohnehin den ganzen Tag bewegt. Lasse deine Gedanken schweifen, leere den Geist. Auch wenn es dir am Anfang unmöglich erscheint, so wirst du mit der Zeit von ganz allein zu einer echten Meditation kommen, glaube mir!

❼ b. Wenn du krank bist

Wenn du dich krank und müde fühlst, kannst du nicht klar denken und ein Problem angemessen beurteilen. Während einer Krankheit fühlt man sich schwach und neigt dazu, die Dinge nicht in den richtigen Proportionen zu sehen. Daher kannst du auch nicht sicher sein, dass du das Ziel deines Zaubers richtig definierst. Darüber hinaus fehlt dir bei Krankheit und Müdigkeit die Kraft, deine magische Energie freizusetzen und zu lenken. Sie könnte leicht in die falsche Richtung dirigiert werden. Also: Finger weg von der Zauberei, wenn du dich schlecht und schwach fühlst!
Wenn du Antwort d. gewählt hast, liegst du auch nicht so falsch, denn wenn du so richtig wütend bist, solltest du auch nicht zaubern. Beruhige dich erst einmal und versuche dann den Anti-Streit-Zauber aus meinem BUCH DER ZAUBERSPRÜCHE.

❽ d. Du bist Teil eines großen Ganzen

Hast du's gewusst?
Erinnerst du dich, dass ich dir gesagt habe, du sollst im Einklang mit der Natur leben? Warum ist dieser Punkt so wichtig? Weil du dich als Teil eines großen Ganzen sehen musst, wenn du tatsächlich eine Hexe werden willst.

Warum? Weil alle Dinge im Universum miteinander verbunden sind. Alles wirkt auf dich ein, und du wirkst auf alles ein. Das macht deine kreative Energie aus! Stell dir einen Stein vor, der ins Wasser fällt. Der Stein trifft nur an einem bestimmten Punkt auf die Wasserfläche. Aber er setzt eine Bewegung in Gang, er zieht Kreise und gibt seine Energie an das ihn umgebende Wasser weiter. Wer weiß, vielleicht ist gerade dieser Stein, den ein anderer ins Wasser warf, Ursache der Welle, die du an einem anderen Ort am Ufer beobachtest.

Deine Zauberkraft hat Konsequenzen, eben weil du nicht allein auf dich gestellt bist!

Hexenwerkzeuge

❶ c. Ein magischer Dolch

Ein Athame ist ein Ritualmesser mit zweischneidiger Klinge und schwarzem Griff. Für manche Hexen repräsentiert es in Ritualen das männliche Element. Für andere das Element Luft. In jedem Falle ist es ein Symbol für die Lebenskraft. In Ritualen dient es dazu, Energie zu schneiden und zu lenken. Wir ziehen damit magische Kreise und versuchen, negative Energien abzuwenden. Du siehst, das Athame ist ein zentrales Werkzeug für uns Hexen, das du oft benutzen wirst.

Das Athame mit weißem Griff verwenden wir zum Schneiden von Kräutern oder zum Schnitzen von Symbolen auf Kerzen oder auch zum Schneiden deines Zauberstabes.

❷ b. Luft

Die vier Elemente – Luft, Wasser, Erde und Feuer – sind sehr wichtig für unsere Zauber, denn ihre Energie unterstützt uns bei unseren magischen Ritualen. Wir rufen diese vier Elemente und ihre Kräfte zu Hilfe. Jedes Element hat seine besondere Energie, und du musst dir genau überlegen, welches du anrufen möchtest. Federn repräsentieren Luft, Salz steht für die Erde, Kerzen für das Feuer und eine Schale Wasser... selbstverständlich für Wasser. Mit einer Feder fächerst du zum Beispiel den Rauch eines verbrannten Heilkrautes, um seine magische Kraft in die Welt hinaus zu schicken. Luft trägt diese Energie ins Universum, wo sie den Kreislauf der Dinge anstoßen und positiv beeinflussen kann.
Strom ist keines der vier Elemente!

Hast Du's gewusst?
Wenn nicht, dann geh noch einmal die folgende Übung durch:
In der Magie beschreiben die vier Elemente geistige Kräfte.

Erde: *Dieses Element hat mit Verwurzelung und Bodenständigkeit zu tun, aber auch mit Besitz und sogar Materialismus. In einem Zauber rufst du dieses Element an, um wieder „Boden-kontakt" zu bekommen und den Blick für die Realität zu erlangen.*

Wasser: *Wasser reinigt nicht nur den Körper, sondern auch deinen Geist und deine Seele. Daher wird es in Weiheritualen verwendet, um den zu wei-henden Gegenstand (oder die Person) zuerst einmal von allen negativen Energien zu reinigen. Auch dein reinigendes Bad vor wichtigen Ritualen nimmst du ja in Wasser!*

Luft: *Dieses Element ist Träger deiner Energie. Es inspiriert und zeigt neue Möglichkeiten. Du rufst die Hilfe dieses Elementes z.B. bei Frei-heitszaubern an.*

Feuer: *Dieses Element ist Träger von hoher Energie! Es schützt dich und deine Zauber vor negativer Energie. Du rufst seine Unterstützung bei Mut-zaubern und Zaubern, die mit neuen Projekten zu tun haben.*

❸ c. Der Zauberstab leitet unsere magische Energie

Zauberstäbe sind keine Erfindung der Literatur, Zauberstäbe gibt es tatsächlich. Sie sind aus verschiedenen Hölzern, z.B: Esche, Haselnuss, Eiche und Holunder. Unsere magische Energie konzentriert sich während der Zauber in diesem Stab. Mit ihm ziehen wir magische Kreise, malen Symbole auf den Boden und lenken Energie.

Wie alle anderen Werkzeuge ist aber auch der Zauberstab ohne deine magische Energie nur ein Gegenstand. Nur du und dein Wille können ihm seine besondere Kraft verleihen. Wenn du es nicht willst, bleibt dein Zauberstab ein einfacher Holzstock.

Du weißt es vielleicht bereits: Zaubern kannst du immer und überall. Vergiss nicht: Wenn du einmal deinen Zauberstab nicht zur Hand hast, kannst du auch deinen Zeigefinger benutzen! Du konzentrierst dich und leitest deine innere magische Kraft durch deinen Arm in deine Hand und in deinen Finger. Und schon kann das magische Ritual – ganz unauffällig! – beginnen.

❹ a. Sie wehren negative Energien ab

Die Farbe Schwarz schützt dich vor bösen Mächten, das Element Feuer wehrt negative Energien ab. Eine ideale Mischung also, um die Schutzkraft deines magischen Zirkels noch einmal zu verstärken. Du hast zwei Möglichkeiten: Entweder stellst du drei schwarze Kerzen in einem Dreieck auf, wobei die Spitze von dir aus gesehen nach oben zeigt, oder du platzierst vier Kerzen an vier Punkten am Rande des Kreises, die die vier Himmelsrichtungen – Norden, Osten, Süden, Westen – repräsentieren.

❺ b. Pink

Die Farben der Kerzen sind wichtig für dein Zauberritual. Je nach Ritual und Zauberspruch solltest du deine Kerzen auswählen. Du kannst dabei mehrere Farben kombinieren, denn oft ist der Wunsch oder das Ziel eines Rituals so komplex, dass du mit einer Farbe nicht auskommst. Pink ist die Farbe der Liebe und der Freundschaft, also ideal für einen Liebeszauber, bei dem es ja nicht nur auf Leidenschaft, sondern auch auf Vertrauen und Loyalität ankommt. Willst du allerdings einen Liebeszauber mit viel Feuer und Erotik, mischst du pinkfarbene mit roten Kerzen. Das wirkt!

Hast du's gewusst?
Wenn nicht, dann lerne noch einmal die Bedeutung der Kerzenfarben auswendig. Denn du wirst sie bei fast allen deinen Zaubern brauchen.

Die Bedeutung der Kerzenfarben:

Weiß   *Reinigung, Transformation, Frieden*

Schwarz *Veränderung, Abweisen von negativen Kräften*

Rot   *Kraft, Feuer, Lebenskraft, Sexualität, Energie, Aggression, Sonnensymbol*

Silber   *Frieden, mentale Energie, Weiblichkeit, Klarsicht, Mondsymbol*

Gold   *Stärke, Reichtum, Männlichkeit*

Pink   *Liebe, Familie, Freundschaft*

Grün   *Heilung, Gesundheit, Fruchtbarkeit, Glück, Harmonie*

Gelb   *Gleichgewicht, Selbstvertrauen, Freundschaft, Kreativität, Kommunikation, Luftsymbol*

Lila   *Urteilskraft, Weisheit, Geheimnis, die Fähigkeit zu lernen*

Braun   *Natur, Harmonie, Heimat*

Natur   *Gleichgewicht, Neutralität, Harmonie*

❻ a. Das Element Wasser

Hast du's gewusst?
Wenn nicht – ab auf die Schulbank, denn hier handelt es sich wirklich um das Grundwissen jeder Hexe!

Also, noch einmal zum Mitschreiben:
Der Kelch verkörpert das Element Wasser. Während unserer Rituale wird er als Behälter für geweihtes Wasser verwendet. Du kannst ruhig einen Kelch aus Messing oder Zinn nehmen, er muss nicht wie der Heilige Kelch aus Kristall sein. Mein Tipp: Wenn du keinen Kelch zur Hand hast, reicht auch ein einfaches Schälchen Wasser.

Der Kelch symbolisiert weiterhin Fruchtbarkeit, Gefühl und Intuition – alles Eigenschaften, die man gemeinhin als typisch weiblich bezeichnet. Das heißt aber nicht, dass nur Frauen und Mädchen über diese Eigenschaften verfügen. Jeder von uns trägt weibliche und männliche Elemente in unterschiedlichen Anteilen in sich. Mal mehr, mal weniger.

Auch zum Hellsehen wird der Kelch und vor allem die spiegelnde Oberfläche seines Inhaltes benutzt. Während der Zeremonie stellt die Hexe eine Frage und schaut so lange auf die Oberfläche, bis sich die Antwort zeigt. Es bedarf allerdings sehr viel Erfahrung und einer großen Konzentrationsfähigkeit, um dieses Ritual durchzuführen. Es ist sehr schwer für eine Anfängerhexe!

❼ b. Ein Fernseher

Das solltest du wissen! Denn ein Hexenaltar ist ein Ort, an dem du
dich konzentrierst, meditierst und deine magischen Akte vollziehst.
Er sollte nur hierzu benutzt werden und nicht zum Fernsehen oder
Musik hören!
Dein Altar gehört nur dir und darf nicht von fremden Energien
beherrscht werden. Dies wird der zentrale Ort in deinem Leben als
Hexe. Hier kannst du auch deine Werkzeuge, wie geweihtes Wasser,
Weihrauch, Kerzen und Salz, aufbewahren. Und natürlich dein
BUCH DER SCHATTEN! Deshalb gehören eine Schale, getrocknete
Kräuter und eine Räucherschale durchaus auf deinen Altar.

Es gibt keine Vorschriften, wie dieser Altar auszusehen hat. Es ist ein
sehr persönlicher Ort. Du gestaltest ihn so, wie du möchtest. Allerdings solltest du immer bedenken, dass der Altar dir hilft, dich auf
deine innere Kraft zu konzentrieren. Er sollte frei von Energien sein,
die nichts mit deiner Hexerei zu tun haben.

❽ c. Der Mars

Der Planet Mars repräsentiert die „männliche" Energie. Das heißt
Mut und Erfolg. Dienstag ist ein guter Tag, um sich an Probleme zu
wagen, die aus Gewalt resultieren. Gleichzeitig ist die Lösung sämt-
licher Arten von Konflikt an diesem Tag besser anzustoßen. Wenn
du beim Sport einen Konkurrenten ausstechen möchtest, suche am
Morgen deinen Altar auf und konzentriere dich auf diese Energien
in dir. Denn der Dienstag ist auch der Tag des Wettbewerbs!

Hast du's gewusst?
*Wenn nicht, schau dir noch einmal die Zugehörigkeit
der Planeten zu den Wochentagen und ihre Bedeutung
an! Denn das richtige Timing deiner Rituale gehört zu
einer guten Vorbereitung.*

Sonntag – Sonne: *Magie um die Themen Gesundheit, Kraft, Energie, Geld.
Probleme mit Autorität lassen
sich am Sonntag gut in Angriff
nehmen.*

Montag – Mond: *Fruchtbarkeit und Wachstum.
Konzentration auf deine magi-
sche Energie.*

Dienstag – Mars: *siehe oben!*

Mittwoch – Merkur: *Nachdenken, Weisheit.
Tag der Kommunikation!*

Donnerstag – Jupiter: *Geschäfte, Erfolg, Gesundheit.*

Freitag – Venus: *Tag der Liebe und der Romantik!
Schutz und Geborgenheit.*

Samstag – Saturn: *Tag der Intuition.
Daher der beste Tag, um mit
schwierigen Themen wie Krankheit und Einsamkeit umzugehen.*

❾ c. Ein Symbol für Schutz und Sicherheit

Ein Pentakel ist ein Pentagramm, das von einem Kreis umgeben ist. Es ist ein Symbol für Schutz und Sicherheit und damit sehr kraftvoll. Ein Pentakel gibt es in Metall, dann legen wir es oft auf den Altar, um den Schutz während unserer magischen Handlungen trotz Weihung und magischem Kreis noch einmal zu stärken. Du kannst das Pentakel auch einfach auf ein Blatt Papier zeichnen und es anstelle des metallenen Pentakels auf den Altar legen.

❿ b. Algiz ᛉ

Algiz bedeutet Elchhirsch und Dreispross. Du zeichnest diese Rune während eines Rituals, das sich ganz besonders mit negativen Kräften beschäftigt und für das du eine besondere Schutzatmosphäre benötigst, in die Mitte deines magischen Zirkels. Was könnte das für ein Ritual sein? Nun, zum Beispiel eines, das einen Schutzwall gegen böse Gerüchte aufbaut.

Die Schutzrune kannst du auch in einen Metallanhänger ritzen und diesen als deinen persönlichen Schutztalisman ständig bei dir tragen.

Hexenrituale

❶ b. Ein magisches Symbol

Das Pentagramm ist eines unserer wichtigsten Symbole. Und es ist auch das am meisten missgedeutete unserer Symbole! Viele Menschen halten es für das Symbol des Bösen. Das Gegenteil ist der Fall! Es repräsentiert für uns gerade den Kampf gegen das Böse und die Abwehr negativer Kräfte.

Ein Pentagramm ist ein fünfzackiger Stern. Dieses Symbol kommt ursprünglich aus dem Christentum, erst die neuere Zeit bringt es mit den Satanisten – also Leuten, die den Teufel anbeten – in Verbindung. Die Seiten der Zacken stehen miteinander in Verbindung.

Ein wenig Hexengeschichte:
Einige Christen sahen in dem Pentagramm die Repräsentation der fünf Wunden Christi und verwendeten es als Schutz gegen böse Kräfte. Die ersten Hebräer setzten den fünfzackigen Stern mit den ersten fünf Büchern der Bibel in Verbindung und sahen in ihm das Symbol für Wahrheit. Für die Ritter des Mittelalters stellte das Pentagramm die ritterlichen Tugenden dar, die ihnen in ihrer Lebensführung sehr wichtig waren. Wie du siehst, wurde zu allen Zeiten dieses Zeichen als Symbol für das Gute genommen.

Für uns als moderne Hexen stehen die fünf Zacken des Pentagramms für den Geist und die vier Elemente, die die Energien des Lebens repräsentieren: Wasser, Luft, Feuer und Erde.

Kannst du ein Pentagramm zeichnen? Versuche einmal, dieses Symbol mit geschlossenen Augen in die Luft zu zeichnen! Denn das wirst du später bei deinen magischen Ritualen tun.

❷ a. Ganz oben

Pentagramme zeichnen wir während der Rituale in die Luft oder auf den Boden. Wir bannen damit negative Energie und rufen die positiven zu uns. Bei beiden Aktionen wird das Pentagramm mit anders ablaufenden Bewegungen gezeichnet.

Das anrufende Pentagramm zeichnen wir, um Kraft und Hilfe zu uns in den Kreis zu rufen. Dieser Stern verstärkt auch deine Zaubersprüche. Das bannende Pentagramm machen wir während der Reinigung über unseren Werkzeugen.

Anrufung: **Bannung:**

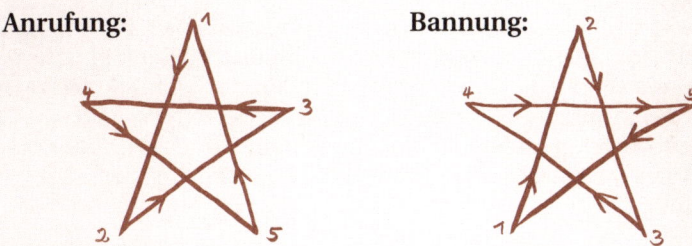

Übrigens: Das Pentagramm steht immer mit einer Spitze nach oben und zwei Spitzen nach unten. Die nach oben deutende, einzelne Spitze heißt: Mein Geist ist stärker als meine Probleme und alle widrigen Umstände, die der Lösung des Problems entgegenstehen. Es drückt aus, dass wir immer gemäß dieses Grundsatzes arbeiten werden.

❸ c. Ein Schutzkreis, den du aufbaust, um darin deine magischen Rituale durchzuführen

Einen magischen Kreis ziehen wir, um uns vor negativen Energien zu schützen und die positiven, die wir durch unsere Rituale und Zaubersprüche freisetzen, innerhalb dieses Zirkels zu halten. Innerhalb dieses Schutzraumes sollst du dich beschützt und sicher fühlen. Nur das, was du ausdrücklich zu dir in deinen magischen Kreis einlädst, kann eindringen. Er umgibt dich wie ein Schutzmantel. Der Kreis ist das Symbol für diesen Schutzraum, der nicht wirklich kreisförmig ist, sondern eher den abgegrenzten Bereich um dich und die, die mit dir die magischen Rituale durchführen, bezeichnet.

Immer wenn du magische Handlungen durchführen oder Zaubersprüche sprechen möchtest, musst du einen magischen Kreis um
dich ziehen.

❹ d. Das ganz persönliche – geheime! – Buch einer Hexe

Ein Buch der Schatten hat jede Hexe. Sie schreibt dort ihre Zaubersprüche, Rituale, Beobachtungen, Träume, kurz ihr ganzes Wissen
nieder. Wenn die Zeit gekommen ist, reicht sie es an ihre Tochter,
ihre Schülerin oder ihre Freundin weiter. Es ist ein sehr wertvolles
Buch für jede Hexe.

Deshalb ist es auch wichtig, dass du deine persönlichen Zauber und
deine individuellen Beobachtungen aufschreibst. So wirst du eine
Entwicklung sehen, die dir verloren gehen könnte, wenn du heute
ein Ritual ausführst und es morgen schon wieder vergessen hast!
Und nur so können andere Hexen von deinem Wissen, das über die
Jahre immer mehr werden und sich immer mehr verfeinern wird,
profitieren.

❺ c. Ein magisches Symbol für Lebenskraft

Ankh, oder auch Anch, heißt „Leben" auf Ägyptisch. Es ist ein Symbol in Kreuzform mit einer Art Schlaufe am oberen Ende und repräsentiert Lebenskraft und ewiges Leben für uns Hexen. Das Symbol
kannst du vielseitig verwenden: auf ein Blatt Papier malen, falten
und bei dir tragen; in ein Schmuckstück eingravieren lassen; auf
einen kleinen Metallanhänger ritzen und als Talisman an einer
Kette bei dir tragen.

> **Hast du's gewusst?**
> *Mach dir keine Vorwürfe, falls deine Antwort falsch ist.
> Diese Frage ist wirklich nicht einfach zu beantworten,
> wenn du noch nicht über deinen Hexentellerrand hin-
> ausgeschaut hast. Dennoch solltest du dich auch mit
> anderen Kulturen und ihren Symbolen beschäftigen,
> denn diese haben oft eine ganz eigene magische Bedeu-
> tung, die du ganz toll in deinen Zaubern nutzen kannst!*

⑥ d. Die drei bekräftigt und besiegelt die magische Energie in einem Zauberspruch

Hier wird dir auffallen, dass du viele Formeln dreimal wiederholst. Meistens handelt es sich dabei um die zentrale Formel deines Zauberspruchs – nämlich die, die das Ziel deines Zaubers zusammenfasst. Damit wird deine Absicht verstärkt und in sich „versiegelt". Oder es handelt sich um die Abschlussformel:

> Dies ist mein Wille, also geschehe es.

Auch damit wird die Energie deines Willens noch einmal bekräftigt und fokussiert.
Denke auch an unseren Grundsatz:

> Tu, was du willst, und schade keinem!
> Denn alles, was ausgeht,
> Kehrt dreifach zurück.

Weiße Magie will nur Gutes bewirken. Wenn du jemandem mit deinem Zauber schaden möchtest, fällt die negative Energie, die du aussendest, dreimal stärker auf dich zurück.

⑦ d. Ein Gegenstand, der Glück und Schutz bringt

Ein Amulett ist ein Gegenstand, den du mit positiver Energie aufgeladen hast und ständig bei dir trägst, damit er dich vor negativer Energie schützt. Manche Hexen glauben, dass ein Amulett Glück bringt. Ich lehre immer, dass Glück Ansichtssache ist. Das heißt, du selbst musst dich und deine Welt in einem bestimmten – und zwar unbedingt positiven! – Licht sehen, damit du „Glück" hast. Nur so kann auch ein Amulett wirken, das dich immer wieder an deine positive Kraft, die Dinge bewusst zu beeinflussen, erinnert.

❽ c. Indem du sie über Nacht in das Licht des Mondes legst

Der Mond hat eine ganz besondere Kraft. Er lädt nicht nur deine Zauberkleidung, sondern auch deine Kräuter und deine Hexenwerkzeuge mit seiner Energie auf und schützt sie gegen negative Einflüsse. Du musst gar nichts weiter dafür tun! Verstärken kannst du diesen „Kraftstrom" aber, indem du dich im Schneidersitz auf den Boden setzt und dich in Gedanken auf etwas Angenehmes konzentrierst, etwas, mit dem du gute Gefühle verbindest.

❾ a. Du stellst dir das Ergebnis deines Zaubers so klar und deutlich wie möglich vor

Hast du's gewusst?
Das war eine schwierige Frage, ich weiß. Wenn du es gewusst hast, bist du schon sehr weit auf deinem Weg als Hexe. Noch schwieriger ist es allerdings, die Technik der kreativen Visualisierung zu beherrschen.

Dabei handelt es sich um einen ganz zentralen Punkt in deinen Zauberritualen. Denn um deine magische Energie leiten zu können, musst du das, was du erreichen möchtest, klar und deutlich vor dir sehen. Die Ergebnisse deiner magischen Handlungen musst du dir so genau und so lebendig wie möglich vorstellen können. Manche Menschen haben dafür eine natürliche Gabe. Oft wird diese Gabe auch mit seherischen Fähigkeiten verwechselt. Doch die meisten unter uns müssen lange üben, um diese Technik erfolgreich anzuwenden. Aber du wirst die Notwendigkeit dieser Übung verstanden haben: Willst du dich wirklich konzentrieren, musst du ein klares mentales Bild von deinem Ziel haben. Und Konzentration ist die Basis eines jeden erfolgreichen Zaubers!

⑩ d. Durch Konzentration

> **Hast du's gewusst?**
> *Solltest du aber, denn in der richtigen und wirkungs-
> vollen Konzentration liegt deine ganze Hexenkraft –
> nirgendwo anders! Ohne die richtige Konzentration
> kannst du deine magische Energie nicht lenken.*

Wenn du es nicht gewusst hast oder du immer noch Schwierigkeiten mit der richtigen Konzentration hast, dann schau dir die folgende Übung noch einmal genauer an:

Zuallererst befragst du dich kritisch:

Was soll dieser Zauber für mich tun?

Dieser Schritt ist wichtig, denn um deine Zutaten mit deiner magischen Energie aufzuladen, musst du dich zuallererst voll auf das
Ziel deines Zaubers konzentrieren. Das ist zu Beginn nicht einfach,
verliere nicht den Mut! Auch wenn es dir schwer fällt, versuche es
immer wieder. Wichtig ist dabei vor allem, dass du ruhig und gleichmäßig atmest. Konzentriere deine Gedanken auf ein mentales Bild,
bei dem du dich besonders wohl fühlst. Bleibe immer bei diesem
einen Bild – eine grüne Wiese, deine Lieblingsblume, ein runder
Stein, eine Muschel. Mit der Zeit wird sich deine Konzentration
schon einstellen, wenn du dieses Bild im Geiste aufrufst! Dann bleibe gedanklich bei diesem Bild, so lange, bis du merkst, dass sich
dein Atem von alleine beruhigt. Lass dir Zeit dabei. Eile und Hetze
bringen nichts in der Magie!

Kräuter- und Pflanzenkunde

❶ b. Einen Morgenmuffelzauber

Die Pfefferminze bringt dich in Schwung – und übrigens nicht nur am Morgen. Sie ist eine sehr energiereiche Pflanze. Für einen Morgenmuffelzauber kannst du Pfefferminzöl benutzen. Du kannst dir auch einen Tee brauen und diesen in deinen Zauber einbauen.

Hast du's gewusst?
Wenn nicht, musst du noch einmal dein Wissen in Kräuterkunde auffrischen. Und probiere doch einmal diesen schnellen Zauber:

Gleich nach dem Aufstehen stellst du dich aufrecht hin und atmest tief ein, während du beide Arme langsam gestreckt über den Kopf hebst. Dann lässt du die Arme wieder fallen – ganz nach unten vor deine Füße, indem du den Oberkörper abknickst. Während dieser Bewegung atmest du heftig aus. Diesen Bewegungs- und Atmungsablauf wiederholst du drei Mal dreimal (also insgesamt neunmal).

Dann nimmst du ein Fläschchen mit ätherischem Pfefferminzöl (Achtung: eines, das für die Haut verträglich ist, also nicht zu hoch konzentriert) und sagst:

> Energie der Sonne, gib mir Kraft,
> Stärke mich und mein Inneres.
> Strahle durch mich durch den ganzen Tag.
>
> Dies ist mein Wille, also geschehe es.

Dann betupfst du dir erst die linke, dann die rechte Schläfe mit dem Öl. Jetzt sollte der Tag besser beginnen!

---

❷ a. Liebstöckel

Liebstöckel kann sehr wichtig für einen Liebeszauber sein, denn diese Pflanze verstärkt das emotionale Band, das zwischen dir und einer anderen Person bereits besteht. Natürlich gehören auch frische Rosenblätter oder Rosenöl zu jedem Ritual, das mit Liebe und Romantik zu tun hat. Die Rose ist nicht umsonst die Blume der Liebe!

❸ b. Freundschaftszauber

> **Hast du's gewusst?**
> *Solltest du aber! Ein wirksamer Freundschaftszauber sollte immer zum Repertoire einer Hexe gehören. Man kann nie wissen, wann man ihn braucht.*

Für einen Anti-Streit-Zauber sind Rosen allerdings auch nicht ungeeignet, denn sie bestärken ja im Allgemeinen positive Gefühle. Vielleicht sollte man sich in diesem Falle aber eher um einen klaren Kopf bemühen, als die emotionale Seite der Angelegenheit noch zu verstärken.

❹ c. Majoran, Lorbeer und Jasmin

Majoran macht gute Laune, Lorbeer gibt Mut, und Jasmin löst schwere Gedanken.

Getrockneten Majoran und Lorbeer verbrennst du in deiner Räucherschale. Währenddessen gibst du einen Tropfen Jasminöl auf deinen Duftstein. Und hier gebe ich dir eine Anregung für einen passenden Zauberspruch (natürlich sollte jede Nachwuchshexe bald ihre eigenen Zaubersprüche finden!):

Ich habe den Mut, auf andere Leute zuzugehen.
Ich fühle mich gut, andere fühlen sich wohl mit mir.
Ich lasse alle schweren Gedanken gehen.

Dies ist mein Wille, also geschehe es.

Nicht vergessen, vorher den magischen Zirkel zu ziehen! Hinterher wieder auflösen.

⑤ a. Er ist ein Sinnbild für die Liebe

In alten Mythen sagt man auch, dass der Apfel verjüngt und sogar unsterblich macht. Wie so oft liegt der Symbolwert nahe an den tatsächlichen pflanzlichen Eigenschaften, denn diese Frucht ist voller wichtiger Vitamine und Mineralstoffe. Aufgrund seines hohen Vitamin-C-Gehaltes könntest du den Apfel sogar in einem Abwehrzauber anwenden (vor allem in einem „Grippe-Abwehrzauber" ...). Richtig falsch wäre also Antwort d. auch nicht gewesen. In diesem Falle käme es aber auch auf die weiteren Zutaten des Zaubers an.

⑥ c. Neid und Missgunst

Gut zu wissen, oder ?! Darüber hinaus wehrt Rosmarin auch böse Gerüchte ab. Wenn also jemand in der Schule schlecht über dich redet, dann führe einen Zauber mit Rosmarin durch (z.B. getrockneten Rosmarin in der Räucherschale verbrennen und einen entsprechenden Zauberspruch schreiben), und schon wirst du den bösen Gerüchten gestärkt entgegentreten können.

Weißt du auch um die Heilkraft von Rosmarin? Denn auch diese Eigenschaft eines Krautes solltest du als Hexe unbedingt kennen. Rosmarin wirkt nämlich entzündungshemmend und wundheilend. Du kannst ihn als Tee zubereiten oder in eine Salbe einarbeiten oder auch in ein Kräuterbad einstreuen.

⑦ b. Es gibt dir den Mut, schwierige Entscheidungen anzugehen

So einfach kann Zaubern sein! Du kennst Basilikum sicher als Zutat für deinen Salat. Dir ist vielleicht neu, dass auch die ganz normalen Küchenkräuter eine Zauberwirkung haben. Basilikum gibt es mittlerweile in allen Supermärkten als frisches Kraut im Topf.

8 c. Brennnessel

Hast du's gewusst?
Bravo! Dann bist du schon sehr versiert im Fach „Liebeszauber"!

Brennnesseln findet man überall in der Natur, es ist ein sehr widerstandsfähiges Kraut. Es wird deshalb von Hobbygärtnern fälschlicherweise als Unkraut bezeichnet. Du kannst sie ganz einfach einsammeln – Vorsicht, nur mit Handschuhen – und zu Hause in der Sonne trocknen. Danach verbrennst du sie während des Rituals in der Räucherschale. Ich kann dir auch eine Brennnesselsuppe sehr empfehlen, denn diese kannst du deinem „Liebesopfer" ganz unauffällig servieren! Ein Rezept findest du in meinem Buch DAS BUCH DER ZAUBERTRÄNKE (Egmont vgs verlagsgesellschaft, 2002).

9 a. Einsamkeit

Das war einfach! Wenn du dich unsicher und alleine fühlst, trinke Fenchelkraut als Tee und du wirst dich ausgeglichener und deiner selbst sicherer fühlen. Bei Liebeskummer ist dieser Tee unschlagbar. Du kannst ihn ruhig auch einer Freundin geben, die sich gerade von ihrem Freund getrennt hat und todunglücklich ist. Fenchel hilft bestimmt, sie zu trösten!

10 b. beruhigt

Hast du's gewusst?
Wenn nicht, solltest du dir aber sofort ein Buch über Kräuter und ihre Eigenschaften zulegen und darin schmökern. Denn das gehört zum Basiswissen einer jeden Hexe!

Die beruhigende Wirkung gehört zu den Heilkräften der Kamille. Wie die meisten Kräuter hat sie aber auch eine Zauberwirkung. Sie hilft dir nämlich, den Blick auf das Wesentliche zu konzentrieren und ein kompliziertes Problem zu entwirren und damit besser zu verstehen. Das kann in Situationen, in denen du nicht mehr weißt, wo dir der Kopf steht, sehr nützlich sein. Denke nur einmal an einen Liebeszauber, in den du auch Kamille für mehr Klarsicht mischst. Da kann ja nichts mehr schief gehen!

Du kennst die Kamille sicher als Tee, kannst sie aber genauso gut getrocknet in der Räucherschale verwenden.

⑪ a. Ja

Oder hast du noch nie ein Gericht gegessen, das mit frischen Salbeiblättern zubereitet war (z.B. Gnocchi beim Italiener)? Weißt du, welche Zauberwirkung Salbei hat? Salbei befreit dich von schlechten Erinnerungen, damit du dich beruhigt neuen Aufgaben widmen kannst. Salbei gibt dir darüber hinaus Geduld, um bei der ersten Schwierigkeit nicht direkt aufzugeben, sondern am Ball zu bleiben.

Du kannst Salbei auch getrocknet in deiner Räucherschale während eines Rituals verbrennen.

⑫ a. Ja

Vanille hilft sogar sehr gut, da sie bei Stress und Ärger entspannend wirkt. Und Stress und Ärger hast du ja zum Beispiel bei einer Trennung mehr als genug! Darüber hinaus wirkt Vanille auch bei Einsamkeitsgefühlen, die ja meistens mit Herzschmerz einhergehen. Greife bitte nie zu Vanille-Aroma oder einem -Konzentrat, denn die sind oft chemisch hergestellt und haben mit der Heilkraft der echten Vanille nichts gemein!

Du kannst die Vanille während eines Liebeszaubers auch verbrennen. Dazu nimmst du eine Vanilleschote, kratzt sie aus und trocknest den Inhalt, um ihn dann in deiner Räucherschale langsam verkohlen zu lassen.

⑬ c. klärt den Blick

Bei vielen Zaubern kann dir ein guter Durchblick von Nutzen sein!
Ich empfehle Zimt bei allen Liebes- und Trennungszaubern. Sowohl
am Anfang als auch am Ende einer Beziehung sollte man genau
wissen, worauf man sich einlässt. Am besten verwendest du Zimt
als Öl.

In manches Weihnachtsgebäck gehört Zimt – siehe die legendären
Zimtsterne –, und auch da entfaltet es seine Zauberkraft und ist
nicht nur ein einfaches Gewürz.

Und falls du Antwort b. gewählt haben solltest, liegst du nicht
100%ig falsch. Ein klarer Blick für die Realität kann dir in manchen
Situationen den nötigen Mut geben, um längst Fälliges endlich
anzugehen.

Aber Antwort d. ist falsch. Böse Mächte gibt es nicht. Es gibt nur
negative Energien, gegen du dich schützen kannst.

⑭ a. Dunkel und trocken

Hast du's gewusst?
*Wenn nicht, ab in die 1. Hexenklasse! Das Aufbewahren
von Hexenkräutern gehört zum Grundschulwissen.*

Richtig aufbewahrt halten sich getrocknete Kräuter sehr lange –
Antwort d. kann also auf keinen Fall stimmen.

Auch frisch gesammelte Kräuter müssen komplett trocken sein,
bevor du sie weiter verarbeiten kannst. Anschließend gibst du sie in
ein Einmachglas, das du dann in einen Schrank stellst, oder in eine
Metalldose. Sehr gut geeignet ist eine Teedose, denn bei Tee handelt
es sich ja auch um nichts anderes als getrocknete Kräuter. Achte
aber darauf, dass andere Familienmitglieder deine Behälter nicht
verwechseln können und den Inhalt irrtümlich für normalen Tee
halten!

⑮ c. Das getrocknete Harz des Weihrauchbaums

Deswegen ist Weihrauch auch eigentlich kein Kraut!

Kennst du auch die Heil- und Zauberkräfte des Weihrauchs? Er hilft bei allen Reinigungszaubern und im Kampf gegen negative Energien. Weihrauch ist teuer, aber zu Beginn kannst du ruhig mit einem sehr günstigen Produkt arbeiten, das schwächt den Zauber keinesfalls. Es gibt auch Weihrauchöl im Handel, das du auf deinen Duftstein träufeln kannst.

⑯ b. 20° C

Versuche immer, einen Platz für dein Saatgut zu finden, an dem 20° C gewährleistet sind – das ganze Jahr. Das ist die Wärme, bei der Samen am besten keimt. Daneben sollten deine Töpfe und Schalen vor dem Wind geschützt sein, denn Zug tut ihnen gar nicht gut. Deine Zauberkräuter musst du schützen und pflegen, damit sie gedeihen!

Steinkunde

❶ c. Du ziehst negative Energien aus den Steinen, um sie für positive frei zu machen

Wenn du Steine für deine magischen Rituale benutzt und sie ihre Kraft entfalten, geben sie ihre positive Energie ab. So kann ihre Kraft deinen Zauber beeinflussen. Gleichzeitig aber laden sie sich mit negativen Energien auf. Sie saugen sie auf wie ein Schwamm. Bevor du sie also wieder benutzen kannst, musst du sie „entladen".

❷ a. Hämatit

Der Hämatit ist der Stein, mit dem du deine gebrauchten Steine von negativen Energien „entlädst". Hierzu lässt du ihn einfach über Nacht ganz in ihrer Nähe liegen. Achte dabei darauf, dass sich alle Steine untereinander berühren, so dass sie alle mittel- oder unmittelbar mit dem Hämatit in Verbindung stehen. Am besten legst du sie zusammen in eine Schale.

❸ c. Jaspis

Alle anderen Steine passen besonders gut zu Fischen.

Hast du's gewusst?
Nein? Das ist nicht schlimm, denn hier handelt es sich wirklich um Profi-Hexenwissen. Schau dir noch einmal die Eigenschaften der anderen Steine an:

Jade: *Ist der Stein der Fische, Waagen und Krebse. Wirkt beruhigend, entspannend, weckt und erhält Liebe.*
Opal: *Ist der Stein der Fische und Krebse. Wirkt harmonisierend und stärkt deine Lebensfreude. Wenn du dich einmal deprimiert fühlst, ist dies der richtige Stein.*
Türkis: *Ist der Stein der Fische und Wassermänner. Reinigt und schützt gegen negative Energien. Wirkt bei Kommunikationsproblemen und Stimmungstiefs. Übrigens: Es ist der Schutzstein der Indianer.*

❹ b. Seine Farbe

Vielleicht hast du ja schon einmal von der so genannten Farbenlehre gehört? Schon in der Antike kannte man die Wirkung der Farben auf unseren Organismus. Denn jede Farbe beeinflusst uns auf ihre ganz besondere Art und Weise; einige wirken anregend, andere beruhigend und wieder andere sogar erotisierend ...

Du kannst das bestimmt nachvollziehen. Dein Schlafzimmer würdest du doch sicher auch eher in sanften und ruhigen Farben streichen als in bunten und grellen, die dich anregen und „aufwecken"!

Licht wirkt bei Steinen und ihren Farben wie ein „Auslöser", denn es bricht sich in einem Stein, wird von ihm reflektiert, das heißt zurückgeworfen, und wirkt so direkt über unser Auge auf unsere Psyche und damit auf unsere magischen Energien ein.

Und nun musst du nur noch die folgende Tabelle auswendig lernen, dann kannst du dich in der Welt der Steine orientieren!

Rot	anregend, aktivierend, erotisierend
Grün	harmonisierend, ausgleichend
Blau	entspannend, befreiend, ermutigend
Gelb	stärkend, belebend

❺ c. Keine, er ist durchsichtig

> **Hast du's gewusst?**
> *Auch wenn du es nicht gewusst hast ... diese Antwort kannst du dir vom Namen des Steins ableiten: BergKRISTALL. Das Glas Kristall ist ja weder gelb, blau noch grün.*

Der Bergkristall ist ein wichtiger Hexenstein, den wir bei allen Energiezaubern anwenden. Wenn du ihn während deiner Zauber mit auf den Altar legst, verstärkt er die Kraft der magischen Energien, die du aussendest. Zum Aufladen benötigst du ausnahmsweise einmal keinen Hämatit, du legst den Bergkristall einfach eine Stunde in das Sonnenlicht.

❻ d. Rosenquarz

Der Rosenquarz ist der wichtigste Stein für einen Liebeszauber, auch wenn viele andere Steine und ihre Eigenschaften sich ebenfalls sehr positiv auswirken können. Lapislazuli fördert deinen Realitätssinn, ist also nicht unnütz bei einem Liebeszauber ... Das Katzenauge bringt Glück, und auch das kann dir in Liebesangelegenheiten helfen. Der Hämatit – das weißt du bereits – reinigt deine anderen Steine von negativen Energien. Er ist aber gleichzeitig wichtig bei Schutzzaubern und Anti-Blockade-Zaubern.

Übrigens, noch besser wirkt der Liebeszauber mit Rosenquarz, wenn du ein Stück Perlmutt dazu legst!

❼ a. Seine reinigende Kraft hilft mir bei einem Fett-weg-Zauber

Wenn du es noch nicht gewusst hast, wirst du dich fragen: Warum? Ganz einfach: Der Türkis hilft dir durch seine reinigende Wirkung, dich von der übermäßigen Lust auf Süßes und Ungesundes zu befreien. Und gerade das ist ja oft das Problem: Du weißt, zu viel Schokolade und Junk Food ist die Ursache für Fettpolster, Müdigkeit und Mangel an Energie. Aber, aber... es schmeckt doch so gut! Mit einem Fett-weg-Zauber kannst du deine positiven Energien stärken und deine Kraft auf das Ziel hin bündeln, deine guten Vorsätze einzuhalten.

Mein Tipp: Jedes Mal wenn du ein Ziel formuliert hast, sagst du den unten stehenden Zauberspruch. Sei präzise! „Ich werde Sport machen" ist ein Wischi-Waschi-Ziel, auf das du nur sehr schwer deine Zauberenergie konzentrieren kannst. „Ich werde von nun an jeden Morgen mit dem Fahrrad zur Schule fahren" ist ein Ziel, das du visualisieren kannst. Und genau darauf kommt es an, wenn du mit magischen Energien arbeitest!

Ich bin voller Energie und Kraft.
Ich weiß, was ich will und was ich wert bin.
Jeder Tag, der vergeht, wird mich näher zu meinem Ziel bringen.
Jede Stunde, die vergeht, wird mich näher zu meinem Ziel bringen.
Jede Minute, die vergeht, wird mich näher zu meinem Ziel bringen.

Dies ist mein Wille, also geschehe es!

Währenddessen hältst du den Türkis in der Hand und trägst ihn anschließend immer bei dir.

Den gesamten Fett-weg-Zauber findest du in meinem Buch DAS BUCH DER ZAUBERSPRÜCHE (Egmont vgs verlagsgesellschaft, 2002).

❽ b. Du trägst ihn bei dir. So kannst du seine Kraft über das Ritual hinaus nutzen

---

Hast du's gewusst?
Wenn nicht, solltest du lieber noch einmal in deine Rituale schauen. Oft verwenden wir Hexen nämlich Steine in unseren Zaubern, die anschließend Träger der aktivierten magischen Energie sind und die Wirkung unseres Zaubers verlängern können.

Hast du auf Antwort a. getippt? Das müsste eigentlich Punkteabzug geben, denn Wegwerfen darfst du deine wertvollen Steine nicht! Es sei denn, du möchtest eines Tages keine Hexe mehr sein und hast für deine Hexenwerkzeuge keine Verwendung mehr. Das Gleiche gilt für Antwort d., denn – und hier kommen wir zur ersten Frage – du kannst deine Steine ja entladen. Jedoch nicht direkt nach deinem Ritual, sondern wenn die Wirkung deines Zaubers nachlässt. Danach kann er seine Kraft wieder voll entfalten, seine Energie verbraucht sich nicht!

❾ a. Onyx

Der Onyx ist eigentlich ein Achat und fällt durch seine tiefschwarze, geheimnisvoll schimmernde Farbe auf. Er ist seit der Antike ein bekannter Heilstein und wird von uns Hexen in Zaubern verwendet, bei denen du einen starken Willen brauchst, um dein Ziel zu erreichen. Der Onyx wirkt sich sehr positiv auf die Harmonie von Körper und Geist aus. Die so gewonnene Stabilität ist die Basis für mehr Willenskraft und Durchsetzungsvermögen.

Wenn du also endlich mit schlechten Angewohnheiten brechen willst oder für eine schwere Prüfung lernen musst, aber keine Lust dazu hast, dann hilft es dir, einen Onyx in den magischen Kreis zu legen. Nach Auflösen des Kreises trägst du den Stein immer bei dir.

Hast du's gewusst?
Wenn nicht, schau dir noch einmal schnell die Eigenschaften der anderen drei Steine an, und du wirst verstehen, warum es nur der Onyx sein kann.

Rosenquarz *ist leicht an seiner leicht rosa Färbung zu erkennen und ist der Stein des Herzens und der Liebe – also in allen Liebeszaubern unbedingt zu verwenden.*

Das goldig-samtige **Tigerauge** *steht für Kreativität. Es schärft den Blick für Wesentliches und gibt dir die nötige Ruhe für neue Ideen und richtungsweisende Entscheidungen.*

Der **Türkis** *(muss ich erwähnen, welche Farbe dieser Stein hat ...?) steht für Gesundheit. Er beeinflusst dein Selbstvertrauen ganz entscheidend und verhilft dir zu mehr Gelassenheit in stressigen Zeiten.*

---

❿ c. Hilft gegen Erkältungen

Das Katzenauge kennst du bestimmt schon lange als Glücksstein. Es ist eng mit dem Tigerauge verwandt, hat aber etwas andere Eigenschaften. So hilft es besonders bei Erkältungen und Husten, da es einen günstigen Einfluss auf unsere Atemwege hat. Denn Steine haben neben ihrer Symbolkraft auch – und besonders – eine Heilwirkung. Eine gute Hexe sollte diese heilende Wirkung der Steine nie unterschätzen und immer zu nutzen wissen!

Die Kunde von den Zaubertränken

❶ b. Nein, es geht vor allem um die richtigen und wirksamen Mixturen

So ist es! Zaubertränke kann man als Duftkissen unter das Kopfkissen legen, sich mit ihnen einölen, in ihnen baden, sie einatmen, die Haare damit einreiben und ... sie trinken. Der Begriff „Zaubertrank" ist eigentlich ungenau. Er vermittelt dir den Eindruck, jede Mixtur mit Zauberkraft müsse auch trinkbar sein. Dabei gibt es Zaubertränke in vielen anderen Formen: Bäder, Tees, Speiseöle, Körper- und Massageöle, Gewürze, Duftkissen, Parfums, Marmeladen ... Zaubertränke muss man nicht trinken können! Es sind Mixturen, die auf deiner Kenntnis der Heil- und Zauberkräfte von Pflanzen und der Natur im Allgemeinen beruhen.

❷ a. Es verhilft dir zu einer besseren Konzentrationsfähigkeit

> **Hast du's gewusst?**
> *Du kennst Basilikum nur als Küchenkraut, als Gewürz für deinen Tomaten-Mozzarella-Salat? Dann schau dir noch einmal genau die guten Zaubereigenschaften dieses Krautes an!*

Basilikum benötigst du für alle Zauber, die gegen Angst wirken und deine Konzentrationsfähigkeit fördern. Daher ist es besonders bei Prüfungsangst sehr wirkungsvoll. Falls du also während dieser Hexenprüfung ein wenig aufgeregt sein solltest – was ich nicht hoffe –, dann kannst du dir ganz einfach einen Salat mit Basilikumöl zubereiten. Oder du reibst die Innenseiten deiner Handgelenke mit dem Öl ein, denn die Zauberwirkung entfaltet sich auch durch die Poren.

Frisches Basilikum hilft dir auch bei schweren Entscheidungen, das hast du schon weiter vorne im Abschnitt Kräuterkunde gelernt.

Wenn du also deshalb auf Antwort b. getippt hast, liegst du nicht ganz falsch, wenn du an den Mut, eine Entscheidung zu treffen, denkst.

❸ b. Einen Apotheker

Wenn du auf ein dir unbekanntes Kraut triffst, dessen Wirkung du nicht genau kennst, dann informiere dich gründlich, bevor du es einsetzt. Kräuter sind eben nicht einfach nur „Grünzeug", sondern haben bestimmte Wirkungen. Oftmals können sie auch deine Gesundheit beeinträchtigen, wenn du sie falsch einsetzt. Deshalb: Entweder in Büchern nachschlagen oder den Apotheker fragen!

❹ a. Ja, einfach mit Wasser aufgießen und ziehen lassen

Im Grunde verfährst du genauso wie bei deinen Kräutertees. Auch Früchte musst du erst trocknen, bevor du sie für einen Aufguss verwenden kannst. Du kannst auch schon getrocknete Früchte in einem Supermarkt kaufen. Dann zerkleinerst du sie und gießt sie wie die Kräuter mit kochendem Wasser auf. Allerdings braucht das Obst ein wenig länger als zehn Minuten, um sein volles Aroma und damit seine Kraft zu entfalten. Probier einfach mal zwischendurch, ob dir dein Tee schon schmeckt!

❺ b. Wasser

Hast du's gewusst?
Sicher! Denn die Antwort liegt doch so nahe. Wasser ist seit langer Zeit nicht nur zum Trinken und zum Waschen da, sondern wird in kultischen Handlungen verwendet. Denke nur an das Bad, das du vor einem ausführlichen Ritual als symbolische Reinigung von negativen Energien nimmst. Vielleicht kennst du ja auch das Weiheritual für Wasser und hast es selber schon einmal durchgeführt? Es unterstützt die Zauberkraft deines Tees, während sich die Heilkraft der Kräuter im warmen Wasser von ganz alleine entfaltet. Falls du das Ritual noch nicht kennst, lies den folgenden Absatz aufmerksam durch!

So rufst du die Unterstützung des Elements Wasser:

Du füllst ein wenig Wasser in eine kleine Schale. Dann nimmst du eine zweite Schale und lässt das Wasser dreimal von der einen in die andere Schale laufen. Dabei sagst du jedes Mal:

> Element Wasser,
> Ich rufe deine Hilfe.
> Hilf mir, meine Kräfte zu sammeln.
> Hilf mir, sie zu schützen.
> Gib mir deine Kraft.

Dann gibst du das Wasser zu deinem Teewasser.

❻ a. Entzündungshemmend. Sie wirkt gut gegen unreine Haut und gegen Pickel

Hast du's gewusst?
Eine Salbe kann auf keinen Fall ein Dünger sein! Also scheidet Antwort d. schon einmal aus. Eine Zahnpasta ersetzt sie auch nicht, das wirst du gewusst haben. Und die legendäre „Flugsalbe" ist eben nur legendär, das heißt es gibt sie nur in Märchen! Bleibt Antwort a. Und in der Tat wirkt die Ringelblume entzündungshemmend und ist ein altes Hausmittel gegen pickelige und unreine Haut. Falls du es nicht gewusst hast, solltest du dich noch einmal mit der Pflanzenkunde für Hexen befassen!

Und so machst du deine eigene Ringelblumensalbe:

Für Salben kannst du frische oder getrocknete Kräuter verwenden. Ich persönlich bevorzuge ätherische Öle, denn das ist einfach und praktisch.

Hierfür erhitzt du Fettsubstanzen – Bienenwachs und Wollfett (die du in jeder Apotheke oder Drogerie kaufen kannst) – in einem Wasserbad. Dann lässt du die Masse abkühlen, bis sie lauwarm und nicht ganz fest geworden ist. Jetzt rührst du das Kräuteröl (in diesem Falle Ringelblumenöl) gleichmäßig unter das Fett-Wachs-Gemisch.

Hier noch einmal das Rezept:
- *5 g Bienenwachs*
- *25 g Wollfett*
- *6 Tr. Ringelblumenöl*

Das ätherische Öl kannst du auch nach Belieben stärker oder schwächer dosieren. Die Salbe trägst du eine Woche lang jeden Tag auf die Gesichtshaut auf. Du wirst sehen, die Haut wird sich beruhigen und die Pickel verschwinden!

❼ d. Reinen Alkohol, Wasser und ätherische Öle

Hast du's gewusst?
Wenn nicht, kann ich dir nur raten, es einfach einmal auszuprobieren! Ich verwende sie in meinen Zaubern sehr gerne. Sie sind besonders wirksam und sehr diskret anzuwenden!

Übrigens: Antwort c. Essig und getrocknete Kräuter ist gar nicht so falsch. Denn auch ein Kräuteressig hat besondere magische Kräfte, besonders wenn du ihn selber hergestellt hast! Aber als Parfum ist Essig nicht geeignet ... Wie auch beim Kräuteröl legst du zwei bis drei Zweige eines getrockneten Krautes (z.B. Rosmarin) in die Essigflasche, verschließt alles luftdicht und lässt es drei Wochen lang ruhen. Und fertig ist der Zauberessig für deinen Salat!

Seit dem Mittelalter stellt man Kräuterparfums mit Alkohol her. Allerdings solltest du im Umgang mit reinem (das heißt 90%igem) Alkohol immer vorsichtig sein. Parfum, das mit reinem Alkohol hergestellt wird, kannst du mit destilliertem Wasser verdünnen. In der Drogerie findest du alles, was du brauchst. Dann mischst du Wasser und Alkohol mit Kräutern, Blütenwasser oder ätherischen Ölen. Achte dabei vor allem auf das richtige Verhältnis der Zutaten, das sind z.B. 25 ml destilliertes Wasser, 12 ml Alkohol und anschließend einige Tropfen der ätherischen Öle, die du in deinem Zaubertrank mischen möchtest. Versuche einfach ein paar Mixturen und experimentiere so lange, bis dir die Duftnote gefällt. Anschließend gibst du das Parfum in eine luftdichte Flasche und bewahrst es im Dunkeln auf. Es ist wichtig, dass der Abstand zwischen Stöpsel und Flüssigkeitsoberfläche sehr gering ist, denn Luft schadet deinem Zauberparfum! Achte deshalb unbedingt darauf, dass dein Gefäß absolut luftdicht ist.

❽ c. Auf deinem Altar

Oder auch IN deinem Altar, wenn er Schubladen oder Fächer hat. Denn für manche Zaubermixturen ist es wichtig, dass sie trocken und dunkel stehen (Kräuteröle, getrocknete Kräutermischungen ...).

Der Altar ist der zentrale Ort in deinem Leben als Hexe. Auch wenn du die meisten deiner Zaubertränke in der Küche anmischst und kochst, oder auch Badeöle schließlich nicht an oder auf deinem Altar anwendest, sondern natürlich im Badewasser und damit im Badezimmer – an deinem Altar konzentriert sich deine magische Kraft, und deshalb wird dies auch der zentrale magische Ort für die Aufbewahrung (und auch Herstellung) deiner Zaubertränke sein.

Hast du's gewusst?
Wenn nicht, ist das auch nicht weiter tragisch. Deine Zaubertränke werden nicht „schlecht", wenn du sie an einem anderen Ort aufbewahrst (wie zum Beispiel dem Kleiderschrank), sie verlieren nur schneller ihre Zauberkraft.

Übrigens: Antwort a. „Im Kühlschrank" ist für manche Zaubermixturen goldrichtig. Ohne Konservierungsstoffe halten sich Salben nur einige Tage und müssen unbedingt kalt und dunkel gelagert werden.

❾ c. Mit einem Athame mit weißem Griff

Athame ist ein Ritualmesser, das wir für unsere Zauber und Zaubertränke benötigen. Es gibt zwei Versionen: Eins mit schwarzem Griff, das dazu dient, Energie zu lenken. Wir ziehen damit magische Kreise und versuchen, negative Energien abzuwenden. Und eins mit weißem Griff, das wir zum Schneiden von Kräutern oder zum Schnitzen von Symbolen auf Kerzen benutzen. Auch deinen Zauberstab kannst du mit dem Athame mit weißem Griff schnitzen!

Falls du kein Athame besitzt, heißt das natürlich nicht, dass du keine Kräuter für Zaubertränke schneiden kannst! Du nimmst ein einfaches Küchenmesser – am besten mit heller Klinge. Antwort d. wäre also auch nicht falsch gewesen! Goldene Sicheln verwenden Druiden bei Asterix und Obelix, wir modernen Hexen begnügen uns mit einfacheren Werkzeugen.

Die Kunde von den Zaubersprüchen

❶ c. **Indem du die Formel sagst und dabei immer einen Buchstaben weglässt, bis schließlich nur noch das A übrig bleibt**

Die magische Formel ABRACADABRA kennst du sicherlich schon. Sie wird schon lange als allgemeine Formel für Abwehr von Unheil genutzt. Zum ersten Mal finden wir sie bei einem Mediziner, Quintus Serenus, der wahrscheinlich um 200 vor Christus gelebt und ein lateinisches Rezeptbuch verfasst hat. Er sagt, die Formel solle man so lange wiederholen und dabei immer einen Buchstaben mehr weglassen, bis nur noch ein Buchstabe übrig bleibt. Wie das Wort kleiner wird, so soll auch das Unheil langsam verschwinden. Dann sei der Schutz aufgebaut. Vermutlich stammt das Wort aus der aramäischen Sprache: Abadebba kedabra, was so viel bedeutet wie: „Nimm ab wie dieses Wort".

Du kannst die Formel laut sprechen, aber auch auf ein Blatt Papier aufschreiben. Am besten lernst du die elf Zeilen des unten abgebildeten Dreiecks auswendig, denn diese Formel ist sehr nützlich und nicht umsonst die bekannteste der magischen Formeln. In dem unten abgebildeten Dreieck ist ABRACADABRA 1024-mal enthalten – findest du alle heraus?

ABRACADABRA
ABRACADABR
ABRACADAB
ABRACADA
ABRACAD
ABRACA
ABRAC
ABRA
ABR
AB
A

❷ a. Morgens

Wenn die Sonne aufgeht, ist dein Energielevel am höchsten. Selbst, wenn du ein Morgenmuffel sein solltest und dich morgens besonders schlapp fühlst, ist deine magische Energie für neue Projekte jedoch sehr stark. Versuche, diese Energie zu leiten und sie zu nutzen! Der Morgen ist der ideale Zeitpunkt für Zaubersprüche, die dich von schlechten Angewohnheiten befreien sollen. Wenn du eine Diät beginnen willst oder endlich mit dem Nägelkauen aufhören möchtest – der entsprechende Zauberspruch jeden Morgen sollte dir helfen, die guten Absichten umzusetzen. Willst du Dinge ändern, deine Einstellung zu Schule und Studium zum Beispiel, setze den Zauber vorzugsweise morgens ein.

Negative Energie kannst du morgens besonders gut bekämpfen. Wenn du dich mit einem Freund gestritten hast, solltest du dich jetzt darauf konzentrieren, diesen Streit aus der Welt zu schaffen.

Hast du's gewusst?
Super! Dann bist du bereit, den Abwehrzauber (Seite 53) zu üben.

---

❸ b. Erde

Hast du's gewusst?
Wenn nicht, wiederhole noch einmal das komplette Weiheritual für deine Werkzeuge. Denn dieses ist wichtig, um deinen Altar und die darauf befindlichen Dinge für dein Zauberritual von allen negativen Energien „reinzuwaschen" und ihnen positive zuzuführen. Ohne diese Weihe bleibt eine Schale Wasser einfach ein Behälter mit Wasser. Ein Dolch bleibt ein Dolch und kann nicht zu einem rituellen Werkzeug – einem Athame – werden.

Für die Weihe rufst du nacheinander die Kräfte der Elemente an. Du verwendest jedes Mal denselben Spruch und tauschst lediglich den Namen des Elementes aus. Du beginnst mit dem Element Erde und gehst dann über zu Wasser, Luft und Feuer.

Zuerst sagst du:

> Element Erde, ich rufe dich.
> Auf dass alle negative Energie gebannt wird
> Und nur die positive Energie übrig bleibt.
>
> Dies ist mein Wille, also geschehe es.

Während du diese Worte sprichst, zeichnest du mit deiner rechten Hand das anrufende Pentagramm in die Luft über der Schale mit Salz.

Beim Wasser zeichnest du das Pentagramm über die Schale mit Wasser auf deinem Altar, bei der Luft über den Federn und beim Feuer über den Kerzen.

Als Letztes sagst du:

> Oh Geist, schütze diesen Altar vor negativen Kräften.
> Mag deine Segnung über ihm liegen,
> Während ich an diesem Ort Handlungen vollziehe,
> Die ausschließlich Gutes zum Ziel haben
> Und keinem schaden werden.
> So sei es.

❹ b. Mit dem Uhrzeigersinn

Die Richtung ist keineswegs unwichtig! Du gehst den Kreis dreimal (die magische 3!) im Uhrzeigersinn ab und sagst dabei deine Formeln (siehe S. 27 Ziehen des magischen Zirkels). Um den Kreis wieder aufzulösen, gehst du ihn **gegen** den Uhrzeigersinn ab.

❺ a. Du legst die Handflächen auf alle Zutaten und sagst: „Ich übertrage dir einen Teil meiner Energie. Auf dass du diese Kraft weitergibst und das geschehe, was mein Wille ist."

Zur Erinnerung für alle, die schon einmal das Energieritual durchgeführt haben (in voller Länge nachzulesen im BUCH DER ZAUBERTRÄNKE, Egmont vgs verlagsgesellschaft 2002):

Zuerst rufst du die Hilfe der Elemente an mit den Worten:

> *Gebt mir die Kraft, oh Elemente,*
> *Damit meine Energie fließen kann.*
> *Gebt mir die Kraft, oh Elemente,*
> *Damit meine Energie übergehen kann.*
>
> *Dies ist mein Wille, also geschehe es.*

Natürlich nicht, ohne dich vorher richtig konzentriert zu haben, denn sonst kann die Energie nicht fließen. Und anschließend überträgst du diese angerufene Energie auf deine Zutaten, und zwar über deine Handflächen und mittels des oben genannten Zauberspruches.

> *Übrigens, falls du auf Antwort c. „Du verbrennst einen Rosmarinzweig über einer Kerze" getippt hast: Das ist natürlich Humbug – magischer Quatsch sozusagen! Auch das musst du als Hexe lernen: Den Quatsch von der echten Magie unterscheiden!*

❻ b. Federn in der Anzahl der Mitglieder deiner Familie, Kordeln in der gleichen Anzahl, die du während des Rituals miteinander verflichtst, und drei rote Kerzen

Zugegeben, das ist eine schwirige Frage. Aber selbst, wenn du noch keinen Anti-Streit-Zauber durchgeführt hast, kannst du dir mit ein wenig Hexen-Basiswissen die Antwort herleiten.

Pfefferminzöl regt an – du verwendest es zum Beispiel bei einem Morgenmuffelzauber. Es würde also die schlechte Stimmung und die hoch gekochten Emotionen eher anfachen, als zu einer Beruhigung der Atmosphäre beitragen. Der Symbolwert deiner Handlungen während eines magischen Rituals ist sehr wichtig. Diese Handlungen helfen dir, deine magischen Energien zu aktivieren und – vor allem – sie in die richtige Richtung zu leiten. Was könnte die zerschnittene Kordel also symbolisieren? Das Zusammenführen von zerstrittenen Menschen? Oder doch eher eine Trennung?!

Deshalb ist Antwort b. die richtige. Du flichtst aus den einzelnen Kordeln eine einzige und bindest mit dieser anschließend die Federn zu einem Strauß zusammen. Dann entzündest du die Kerzen und fächelst mit dem Federstrauß den Rauch von den Kerzen weg. Dabei sagst du immer wieder ein einziges Wort, das für dich den Streit in deiner Familie am besten zusammenfasst. Welches Wort das ist, ist nicht wichtig!

Und … Konzentration nicht vergessen!

❼ c. Eine magische Formel, die du regelmäßig wiederholst

Kennst du vielleicht schon ein solches Mantra, ohne zu wissen, dass es diese Bezeichnung verdient? Nein? Dann denke einmal an die Formel, mit der ich meine Zaubersprüche immer abschließe: Dies ist mein Wille, also geschehe es.
Hier handelt es sich um ein Mantra! Diese magische Formel bündelt deine Kraft und leitet sie.

Du kannst Mantras auch zu anderen Zwecken benutzen. Du wählst dein eigenes persönliches Mantra aus und wiederholst es in schwierigen Situationen, indem du dich ganz auf den Klang des Wortes und seine Schwingungen konzentrierst. So bist du in der Lage, deinen Geist zur Ruhe zu bringen. Mantras schenken dir mehr Energie, Lebensfreude, Konzentration und Kreativität. Bei längerer Praxis („Mantramieren") kannst du eine Stufe erreichen, wo das Mantra wie automatisch in dir spricht. Übrigens: Auch das christliche HALLELUJA und das islamische ALLAH sind nichts anderes als Mantren.

⑧ d. Neumond

Der Neumond symbolisiert für uns Hexen Neubeginn und gute Vorsätze. Dann steht nämlich der Mond zwischen Sonne und Erde. Von der Erde aus ist das reflektierende Sonnenlicht nicht mehr zu sehen. Die der Erde zugewandte Seite liegt im Dunkel, und wir sehen nur eine schwarze Scheibe. Daher wird der Neumond auch Schwarzmond genannt. Die zwei Tage des Neumonds sind wichtig für alle Zauber, die deine Pläne unterstützen, mit schlechten Gewohnheiten aufzuhören. Ideal für Fasten- und Diättage!

Übrigens:
In dieser Zeit solltest du deine Pflanzen düngen, denn sie nehmen nun Nahrung besonders gut auf.

Hast du's gewusst?
Das hoffe ich, denn die Mondphasen und ihre besonderen Kräfte sind für unsere Zauberkraft von entscheidender Bedeutung. Wenn du merkst, dass du in diesem Fach noch ein wenig schwach bist, solltest du deine Kenntnisse schnell auffrischen! Mondkalender gibt es im Buchhandel zu kaufen.

9 b. Zunehmender Mond

Hast du's gewusst?
*Wenn nicht, gilt der gleiche Hinweis wie bei Frage 8.
Darüber hinaus ist auch dies wieder eine Antwort, die
du dir leicht hättest herleiten können, wenn du nicht
ganz so fit in den Mondphasen bist!*

Mit einem Liebeszauber willst du ja Gefühl herbeirufen, das wachsen und stärker werden soll. Der abnehmende Mond wird diese Kraft kaum stärken können, denn er unterstützt alle Zauber, die etwas verschwinden oder kleiner werden lassen. Auch Voll- und Neumond sind nicht besonders geeignet. Der zunehmende Mond taucht wenige Stunden nach Neumond auf in Form einer schmalen Sichel. Die ersten sechs Tage des Halbmondes sind besonders geeignet für deine Liebeszauber! Auch Glückszauber sind in dieser Mondphase sehr wirksam. In den nächsten sechs Tagen solltest du dann die durch den Zauber freigesetzten Energien in die Realität umsetzen, das heißt dem Zauber Taten folgen lassen. Denn es ist wie immer – nur zaubern allein hilft nicht, ob der Zauber wirksam wird, hängt von dir ab.

10 c. Ein geheimes Zeichen, in dem dein Wille als Botschaft versteckt ist

Hast du's gewusst?
*Wenn ja: Bravo! Denn hier handelt es sich wirklich um
Hexen-Profiwissen! Aber keine Angst, Sigillenmagie ist
ganz einfach, ist auch für Anfänger geeignet und macht
Spaß. Du kannst dabei deiner Fantasie freien Lauf
lassen.*

Als Erstes schreibst du das Ziel deiner Magie, deinen innersten Wunsch, als Satz auf einen Zettel. Sei dabei so präzise wie möglich. Z.B:

Ich will, dass Sebastian sich in mich verliebt.

Dann streichst du doppelte oder mehrfache Buchstaben:

Ich will, dass Sebastian sich in mich verliebt.

Aus den nicht gestrichenen Buchstaben bildest du ein Bild, indem du sie in verschiedenen Größen ganz frei und kreativ zusammenfügst.

Und als Letztes schmückst du dieses Bild, die Sigille, nach deinem persönlichen Geschmack aus.

Dann lädst du die Sigille. Du konzentrierst dich, atmest ruhig und gleichmäßig und schließt dabei die Augen. Anschließend öffnest du ganz schnell die Augen und starrst die Sigille einige Augenblicke an. Dann schließt du die Augen wieder und beginnst von neuem. Das Ganze machst du dreimal. So füllst du die Sigille mit deiner magischen Energie.

Und zu guter Letzt bannst du die Sigille, das heißt du vergisst sie vollständig. Diese innere Distanz zwischen dir und deinem Wunsch ist wichtig, damit die Energie ihre Kraft entfalten und die Sigille Wirklichkeit werden kann. Denk einfach nicht mehr an deinen Wunsch, lenk dich ab, beschäftige dich mit anderen Dingen. Du wirst sehen, deine magische Kraft wird ihren Weg von ganz alleine finden!

⓫ b. Nein

Hast du's gewusst?
Wenn nicht, wird die Antwort dich vielleicht erleichtern.
Ich persönlich bin sehr froh darüber, denn im Dichten
bin ich sehr schlecht.

Reime helfen uns zwar, uns an einen längeren Text und seine Abfolge zu erinnern. Sie sind aber für die Wirksamkeit eines Zaubers nicht von Bedeutung. Zaubersprüche müssen vor allem präzise in ihren Formulierungen sein, damit sie auch wirklich das treffen, was du eigentlich willst. Wenn du Talent zum Reimen hast, tu es. Es verstärkt oft noch ein wenig das mystische Feeling, wenn du deine Sprüche aufsagst. Aber wenn du dir den Kopf zerbrechen musst, um auf einen passenden Reim zu kommen, und dann der gefundene Begriff gar nicht genau das aussagt, was du eigentlich ausdrücken möchtest, verzichte lieber darauf! Die Gefahr ist groß, dass du dadurch die Wirkung deines Zaubers verfälschst.

⓬ a. Sei kreativ, Zaubersprüche sind der Ausdruck deines eigenen individuellen Willens

---

Hast du's gewusst?
Natürlich kannst du deine eigenen Zaubersprüche verfassen. Du solltest es sogar tun, denn das gehört zur Arbeit einer Hexe!

Jede Hexe schreibt ihre eigenen Zaubersprüche, sei es, weil sie in den überlieferten nicht genau findet, was sie sucht, sei es, weil sie eine gute Idee hat, einen alten Zauberspruch zu verbessern – und vielleicht zu modernisieren. Trau dich und schreibe das, was dir in den Kopf kommt! Und noch eins: Das Verfassen von Zaubersprüchen musst du üben; keine von uns konnte Zaubersprüche von

Anfang an aus dem Ärmel schütteln. Wenn du nicht zufrieden mit deinem Zauberspruch bist, fang einfach wieder von vorne an. Und beginne den Zauber erst, wenn du wirklich zufrieden bist.

Falls du Antwort c. gewählt hast, muss ich noch einmal auf eine wichtige Regel hinweisen: Sei so präzise wie möglich. Versuche, deinen Wunsch in einen einzigen Satz zu bringen. Wenn du das Ziel deines Zaubers nicht genau formulieren kannst, ist dies ein Zeichen, dass du dir selber noch nicht sicher bist, was du eigentlich erreichen möchtest. Und das führt dazu, dass dein Zauberspruch im besten Falle unwirksam, im schlimmsten Falle sogar gefährlich wird. Denn je konkreter dein Ziel ist, desto besser kannst du dich darauf konzentrieren. Und umso besser wirst du deine magische Energie über den Spruch lenken können.

⓭ b. Dies ist mein Wille, also geschehe es

Mit dieser Formel unterstreichst du noch einmal die Kraft deines Willens. Du konzentrierst deine magische Kraft in dieser einen Formel und schickst sie damit ins Universum hinaus. Dein Zauberspruch ist der Träger der Energie deines Zaubers, er ist es, der den Gang der Dinge anstößt und dadurch die Macht besitzt, Dinge zu ändern.

Am besten wirkt die Abschlussformel, wenn du sie dreimal hintereinander sagst. Denn du weißt ja, die dreimalige Wiederholung potenziert die Kraft deines Zaubers.

„Ich hoffe, mein Zauber wird Wirklichkeit" drückt in keinster Weise deinen festen Willen und dein Vertrauen in die Kraft deines Zaubers aus. Es ist eine Wischi-Waschi-Formel, schwach und kraftlos, die in einem Zauberspruch nichts zu suchen hat. Du musst dir 100%ig klar darüber sein, was du willst und vor allem, dass du es willst. Ich hoffe, vielleicht, mal sehen – diese Worte haben in einer magischen Formel keinen Platz.

Und „Schluss jetzt" ist dann doch ein wenig zu profan für eine magische Formel, findest du nicht ...?

4

Das Ergebnis

Hast du alle Fragen gewissenhaft beantwortet? Nicht geschummelt? Nicht nach hinten geblättert, um die Antwort vor allen anderen zu kennen? Dann kannst du jetzt an die Auswertung deiner Prüfung gehen. Nun wirst du endlich wissen, ob du das Zeug zu einer guten Hexe hast!

Und so geht's:

Zuerst markierst du alle Fragen, die du richtig beantwortet hast. Nutze diesen ersten Schritt der Auswertung, um noch einmal Revue passieren zu lassen, in welchen Disziplinen du stark bist und an welchen du noch arbeiten musst. Wenn du über die Hälfte der Fragen eines Faches falsch beantwortet hast, solltest du dich noch einmal in deine Hexenlehrbücher vertiefen!
Mit jeder Frage ist eine bestimmte Punktzahl verbunden. Zähle diese zusammen – und zwar aus allen Disziplinen.
Dies ist nun deine Gesamtpunktzahl, die dein Abschneiden bei der Hexenprüfung bestimmen wird.

Auswertungstabelle

Hexengeschichte

1d.	4 Punkte
2c.	3 Punkte
3a.	2 Punkte
4d.	3 Punkte
5c.	2 Punkte
6a.	2 Punkte
7d.	1 Punkt
8b.	3 Punkte
9c.	3 Punkte
Gesamt	_____

Hexengrundsätze

1a.	5 Punkte
2d.	5 Punkte
3b.	4 Punkte
4d.	3 Punkte
5b.	2 Punkte
6c.	3 Punkte
7b.	1 Punkt
8d.	3 Punkte
Gesamt	_____

Hexenwerkzeuge

1c.	5 Punkte
2b.	3 Punkte
3c.	1 Punkt
4a.	4 Punkte
5b.	2 Punkte
6a.	2 Punkte
7b.	1 Punkt
8c.	5 Punkte
9c.	4 Punkte
10b.	4 Punkte
Gesamt	_____

Kräuter- und Pflanzenkunde

1b.	5 Punkte
2a.	3 Punkte
3b.	2 Punkte
4c.	5 Punkte
5a.	4 Punkte
6c.	5 Punkte
7b.	3 Punkte
8c.	4 Punkte
9a.	2 Punkte
10b.	3 Punkte
11a.	1 Punkt
12a.	2 Punkte
13c.	3 Punkte
14a.	2 Punkte
15c.	3 Punkte
16b.	3 Punkte
Gesamt	_____

Hexenrituale

1b.	3 Punkte
2a.	5 Punkte
3c.	2 Punkte
4d.	3 Punkte
5c.	5 Punkte
6d.	3 Punkte
7d.	2 Punkte
8c.	4 Punkte
9a.	5 Punkte
10d.	3 Punkte
Gesamt	_____

Steinkunde

1c.	3 Punkte
2a.	4 Punkte
3c.	5 Punkte
4b.	2 Punkte
5c.	1 Punkt
6d.	5 Punkte
7a.	5 Punkte
8b.	3 Punkte
9a.	4 Punkte
10c.	3 Punkte
Gesamt	_____

Die Kunde von den Zaubertränken

1b.	1 Punkt
2a.	3 Punkte
3b.	2 Punkte
4a.	3 Punkte
5b.	2 Punkte
6a.	4 Punkte
7d.	5 Punkte
8c.	4 Punkte
9c.	3 Punkte
Gesamt	_____

Die Kunde von den Zaubersprüchen

1c.	5 Punkte
2a.	2 Punkte
3b.	4 Punkte
4b.	4 Punkte
5a.	3 Punkte
6b.	2 Punkte
7c.	2 Punkte
8d.	3 Punkte
9b.	3 Punkte
10c.	4 Punkte
11b.	1 Punkt
12a.	4 Punkte
13b.	2 Punkte
Gesamt	_____

Punktzahl
insgesamt: _____

Jetzt bist du sicher neugierig, wie du abgeschnitten hast? Bist du bereit für das Hexendiplom? Hier kommt nun endlich das Ergebnis deiner Hexenprüfung!

Von 266 bis 141 Punkte:

Sehr gut

Bravo, du hast es geschafft – eine glatte eins. Du hast die Prüfung mit Bravour bestanden! Das war sicher nicht einfach, und ich wette, du hast dich vorher schon länger mit der Hexenkunst beschäftigt. Dein Grundwissen der Hexenpraxis ist einwandfrei, du kannst ohne weiteres mit der vertieften Hexenkunde beginnen.

Arbeite weiter an deinem Wissen. Bei der Beantwortung der Fragen hast du sicher bemerkt, wo deine Lücken sind. Es gibt viele Bücher zur Kräuter- und Pflanzenkunde und zur Steinkunde – es müssen nicht immer Hexenbücher sein! Des Weiteren gibt es viel Lektüre zur Zauberpraxis anderer Hexen, von denen du lernen kannst. Gehe immer mit der nötigen Vorsicht und Skepsis an die Informationen anderer Hexen heran. Lass deinen gesunden Menschenverstand sprechen. Du wirst selber wissen, was vernünftig, vertretbar und gut für dich ist. Die 13 Regeln einer guten Hexe werden dich dabei leiten!

Du hast die Hexenprüfung bestanden. Herzlichen Glückwunsch!

Von 140 bis 75 Punkte:

Gut

Das hast du super gemacht! In der Praxis bist du sicher fit und hast viel Spaß an der „Hexerei". Du hast einige kleine Wissenslücken, an denen du arbeiten solltest. Das hast du sicher selber beim Beantworten der Fragen festgestellt. Kann es sein, dass du zu schnell in das praktische Zaubern eingestiegen bist und dabei das fundamentale Wissen ein wenig vernachlässigt hast? Hexen ist eben nicht nur mit Action verbunden, sondern auch mit dem fleißigen Lernen von großen Hexendisziplinen wie Kräuterkunde, Steinkunde, den Mondphasen etc. Ohne diese theoretische Grundlage kann deine magische Energie leicht ins Leere gehen!

Mein Tipp: Suche dir eine Freundin oder einen Freund, der sich ebenfalls für die Hexenkunst interessiert und lerne mit ihm oder ihr zusammen. Motiviert euch gegenseitig, probiert Zaubertränke gemeinsam aus, versucht euch zusammen an komplizierten Zaubern. Du wirst sehen, das wird dich weiterbringen.

Du hast das Zeug zu einer richtig guten Hexe – im doppelten Sinne!

Du hast die Hexenprüfung bestanden. Herzlichen Glückwunsch!

Von 74 bis 55 Punkte:

Befriedigend

Du hast dich tapfer geschlagen! Sicher beschäftigst du dich noch nicht so lange mit der Hexenkunst. Einige Antworten hast du sicherlich schon gewusst. Andere hast du bestimmt clever hergeleitet. Du wirst selber wissen, dass du noch einige Wissenslücken hast. Aber der Grundstein ist gelegt! Du hast Talent, arbeite weiter daran. Trau dich auch einmal an schwierigere Zauber heran – dann wird schon sehr bald eine gute Hexe aus dir!

Du hast die Hexenprüfung bestanden. Herzlichen Glückwunsch!

Unter 55 Punkte

Nicht so recht ausreichend ...

Leider, leider. Für das Hexendiplom kann diese Punktzahl leider nicht ausreichen, denn deine Wissenslücken sind einfach zu groß. Du hast vielleicht ein wenig Hexenwissen von Freundinnen aufgeschnappt oder hast gerade begonnen, dich für die Zauberei zu interessieren. Auf diesem Weg solltest du bleiben, dich aber systematisch mit der Hexenkunst beschäftigen und dir ein solides Grundwissen aneignen. Durch die ausführlichen Antworten in diesem Buch hast du schon viel gelernt. Ich schlage dir den folgenden Versuch vor: Gehe noch einmal alle Fragen durch und beantworte sie erneut – von Anfang bis Ende, ohne ein einziges Mal zu den Auflösungen zu blättern. Dann zähle erneut deine Punkte durch. Hast du dich verbessert? Wenn ja – Bravo! Ich gratuliere dir. Jetzt kannst du dein Hexendiplom ausfüllen und das Ritual für die Selbstweihe durchführen. Sei stolz darauf! Auch Beharrlichkeit ist eine wichtige Tugend einer Hexe.

Du hast jetzt die Hexenprüfung bestanden. Herzlichen Glückwunsch!

5

Die 13 Regeln einer guten Hexe

Diese 13 Regeln sind die Grundlagen der weißen Magie und damit deiner Zauberkraft. Wenn du meine ersten drei Bücher, DAS BUCH DER SCHATTEN, DAS BUCH DER ZAUBERSPRÜCHE *und* DAS BUCH DER ZAUBER- TRÄNKE *schon gelesen hast, wirst du diese Regeln bereits kennen. Sie sind aber so wichtig, dass ich sie hier auch für alle meine neuen Leser noch einmal aufführen möchte. Denn ohne diese 13 Grundregeln zu kennen, kannst du ein- fach keine gute Hexe werden. Auch wenn du sie schon kennst, lies sie dir aufmerksam durch und versuche dabei, darüber nachzudenken und jede dieser Regeln mit Inhalt zu füllen.*

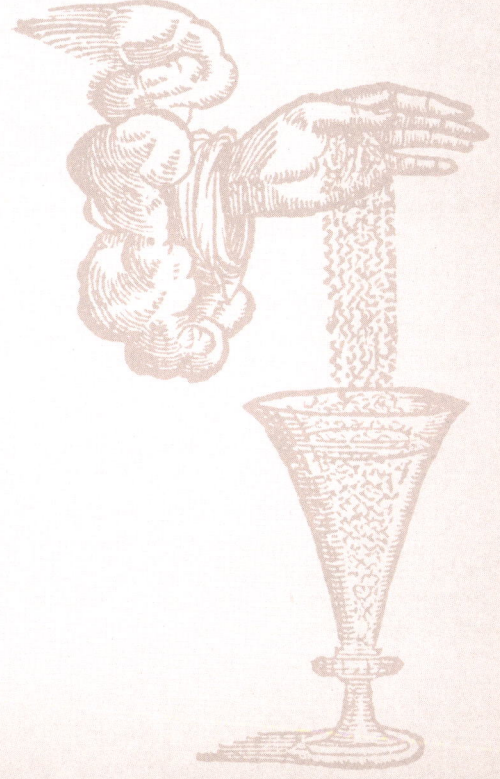

1. Tu, was du willst, und schade keinem

Dies ist unsere oberste Regel. Hexen heißt, seinen Willen um- und durchsetzen. Aber nur so lange, wie kein anderer Schaden nimmt. Man könnte auch so sagen: Deine Freiheit endet dort, wo die des anderen beginnt. Bevor du zauberst, solltest du dir immer genau über die Konsequenzen im Klaren sein, wenn dein Zauber wirksam wird. Denn denke daran: Alles, was du tust, fällt dreifach auf dich zurück. Auch das Schlechte!
Übrigens: Die Regel bezieht dich mit ein. Falls du mit einem Zauber dir selber langfristig schaden könntest, darfst du ihn nicht durchführen.

2. Sei immer ehrlich zu dir selbst

Diese Regel ist grundlegend. Nur so kannst du deine Stärken und Schwächen kennen lernen. Nur wer seine Grenzen genau kennt, kann seine magische Energie leiten und kontrollieren. Wenn du mit Zaubersprüchen arbeitest, wirst du deine individuelle Energie immer stärker entdecken und vor allem weiter entwickeln. Denn dies ist das Geheimnis aller Zauberei: Energie nach seinem eigenen Willen lenken. Wenn du deine Persönlichkeit dabei außer Acht lässt, passiert dies unkontrolliert und stellt damit eine Gefahr für dich und deine Umwelt dar. Menschen, die ihre Grenzen nicht kennen, sind gefährlich. Dies musst du dir immer vor Augen halten!

3. Beherrsche die Regeln deiner Hexenkunst

Die Zauberkunst hat ihre Regeln. Sie ist keine Spielerei, sondern beruht auf althergebrachtem Wissen. Dieses Wissen sollst du dir stetig aneignen und nicht in deinen Bemühungen nachlassen. Oberflächliches Wissen ist unbrauchbar – ja, sogar gefährlich!

4. Lerne dein Leben lang. Sei immer neugierig auf Neues

Denke nie, du kannst schon alles! Du sollst dich immer wieder neu mit deiner Hexenkunst auseinander setzen. Leben heißt lernen. Sei nicht verschlossen, sei neugierig und offen für Neues. Um Wissen muss man sich bemühen, es fällt einem nicht zu. Du wirst Geduld und Ausdauer brauchen.

5. Wende dein Wissen weise an

Weisheit ist ein großes Wort. Niemand wird weise geboren und sicher denkst du dir, dass du niemals zur Weisheit gelangen wirst. Die Technik der Zaubersprüche allein wird dir nichts nützen. Du musst auch wissen, wann und in welchen Zusammenhängen du sie anwenden kannst. Weisheit hat nicht nur mit Intelligenz zu tun, das Gefühl für das Richtige muss hinzukommen. Bei einer guten Hexe paart sich Wissen mit Weisheit.

6. Finde dein inneres Gleichgewicht und lebe danach

Wie kannst du sicher sein, dein inneres Gleichgewicht gefunden zu haben? Wenn du eine Balance zwischen Intellekt, Gefühl und Körperlichkeit gefunden hast. Du sollst dich nicht nur auf Schule und Studium konzentrieren, sondern dich gleichzeitig mit deinen Freunden treffen und Sport treiben. Nur wenn du ein Gefühl für dein inneres Gleichgewicht gefunden hast, wirst du offen sein und ein Gespür für Störungen entwickeln können – eine wichtige Voraussetzung für das Erspüren von Energien.

7. Unterschätze nie die Kraft des Wortes!

Eine Hexe darf diesen Fehler niemals begehen. Wenn du dir vor Augen hältst, dass ein großer Teil unserer Kraft in den Worten liegt – in Zaubersprüchen und in der Begleitung der Rituale –, wirst du verstehen, dass eine Hexe nie unbedacht plaudern sollte. Das Wort hat eine besondere Kraft, es kann befreien, anstoßen und verändern, aber auch verletzen und zerstören.

8. Lerne, dich zu konzentrieren

Im Mentalen liegt die große Stärke einer Hexe. Hier gibt sie ihrer Energie den Anstoß und dirigiert ihre Kraft. Nur wenn du lernst, dich zu konzentrieren, kannst du deine Energie nach deinem Willen lenken.

9. Lebe im Einklang mit der Natur

Hexen leben nach den Regeln der Natur. Rituale und weiße Magie werden vom Rhythmus der Natur bestimmt und geprägt, von Mondphasen und den vier Jahreszeiten. Modernes Hexentum definiert sich über diese Nähe. Wenn du deine eigenen Zaubersprüche schreibst, wirst du genau auf die Natur zu achten lernen, denn jeder Spruch arbeitet mit ihren besonderen Kräften.

10. Respektiere deine Umwelt

Das menschliche Wesen ist dazu bestimmt, ein Leben in Freude und Liebe zu führen, nicht in Ärger und Hass. Du sollst bei jedem Zauberspruch darauf achten, dass er nicht durch negative Gefühle gegenüber deiner Umwelt motiviert ist. Denke immer an unser oberstes Gebot: Tu, was du willst, aber schade niemandem. Nur wenn du deine Umwelt, deine Familie, Freunde und Bekannten, wirklich respektierst – ihre Art zu leben, ihre Wünsche, ihre Träume, ihre Stärken und Schwächen –, kannst du dieses Gebot tatsächlich befolgen. Denn da, wo die Freiheit des anderen beginnt, endet deine eigene!

11. Achte auf deine Gesundheit

Dies ist eine zentrale Regel. Dein Körper ist ein Heiligtum! Er ist Teil der Natur. Deine mentale Kraft ist eng mit deiner körperlichen Kraft verbunden. Es gibt keine Teilung. Nur wenn dein Körper gesund ist, wird auch dein Geist gesund sein. Zaubersprüche und Rituale solltest du nicht durchführen, wenn du krank bist oder dich schlecht fühlst.

12. Meditiere

Durch Meditation bündelst du deine mentale Energie. Nur durch die Bündelung kannst du deine Kraft gezielt einsetzen. Zu eng darfst du die Meditation aber auch nicht sehen. Nimm dir einfach jeden Tag ein wenig Zeit, um deine Gedanken schweifen zu lassen, ohne Ablenkung und Zerstreuung. Dann wirst du mit der Zeit von ganz alleine zu einer echten Meditation kommen.

13. Ehre die Kräfte der Natur

Für viele von uns sind dies die alten Naturgötter, die in der weißen Magie eine große Rolle spielen. Oft werden diese Götter in Ritualen angerufen, um ihre Energien zu aktivieren und ihre Unterstützung zu beschwören. Du solltest dir einfach im Klaren darüber sein, dass du mit althergebrachtem Wissen arbeitest und eine Kunst erlernen möchtest, die Jahrtausende alt ist.

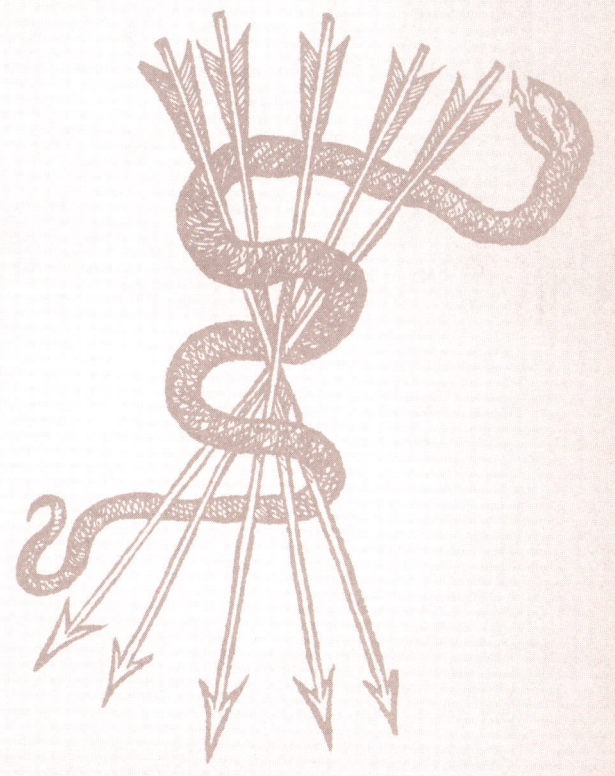

6

Dein Hexendiplom

....

hat am ....

das Hexendiplom

erfolgreich bestanden.

Wir heißen sie damit in der Gemeinschaft der Hexen herzlich willkommen.

Mit ihrer Unterschrift verpflichtet sie sich der weißen Magie und schwört,
die 13 Regeln einer guten Hexe zu achten und zu befolgen.

Tu, was du willst,
Und schade keinem.
Denn alles, was du aussendest,
Kehrt dreifach zu dir zurück.

Wir leben fort in allen Dingen,
Und alle Dinge leben in uns.

Wir weihen unser Wissen der Welt
Und leben im Hier und Jetzt.

Der oberste Hexenrat

7

Das Weiheritual

Herzlichen Glückwunsch, du hast die Prüfung bestanden! Nun bist du in die Gemeinschaft der Hexen aufgenommen. Bevor es aber richtig losgehen kann, musst du dich selbst initiieren. Nach dem Vollzug dieses Rituals darfst du dich als vollwertige Hexe fühlen!

Wenn du einem Konvent – einer Hexengemeinschaft – angehörst, in dem schon ältere und erfahrenere Hexen sind, dann werden die anderen ein Initiationsritual mit dir durchführen, das dich erst zur Hexe macht. Wenn du allerdings alleine arbeitest – und dies tun heute die meisten –, dann werde ich dich jetzt Schritt für Schritt durch ein Ritual leiten, das du alleine und ganz für dich nachvollziehen kannst.

Zuerst musst du dir die wichtigste aller Fragen stellen und darfst die Antworten nicht auf die leichte Schulter nehmen. Sei ehrlich zu dir selbst – das ist das Wichtigste bei deiner Selbstanalyse.

Was heißt es, eine Hexe zu sein?
- Du willst dich und deine Umgebung mit deinem Willen und deinen Kräften positiv beeinflussen.
- Du willst deine verborgenen Kräfte aktivieren.
- Du bist bereit, dich selbst und deine Motivation kritisch in Frage zu stellen.
- Du weißt, dass du hierzu dein Leben lang lernen musst.
- Du bist voll mit unserem Grundsatz:

  Tu, was du willst, und schade keinem

  einverstanden und willst dich immer nach ihm richten.

Du benötigst:

- *Einen Duftstein*
- *Drei Tropfen Lavendelöl*

1. Zieh die Zauberkleidung an, die du dir in deiner Übung während des Hexendiploms ausgesucht hast.
2. Suche dir einen ruhigen Platz, an dem du voraussichtlich für ca. eine Stunde nicht gestört wirst.
3. Träufle das Öl auf den Duftstein, so dass es langsam und still seinen Duft verströmt.
4. Setz dich mit gekreuzten Beinen auf den Boden, im Schneidersitz. Die Hände legst du auf die Knie, die Handflächen zeigen zum Himmel. Wenn du Yoga-Übungen machst, wirst du diese Haltung kennen. Sie heißt: Ich bin aufnahmebereit.
5. Atme langsam durch deine Nase ein, dann durch den Mund wieder aus. Versuche, dies so langsam und so ruhig wie möglich zu tun. Tu dies so lange, bis du dich entspannt und konzentriert fühlst.
6. Jetzt stell dir deinen Lieblingsplatz draußen in der Natur vor. Das kann der Wald sein, in dem du gerne mit deinem Hund spazieren gehst, oder der Strand vom letzten Urlaub, wo du einen schönen Sonnenuntergang beobachten konntest. Versuche, dich zu erinnern, wann du dich das letzte Mal glücklich und entspannt gefühlt hast und die ganze Welt hättest umarmen können.
7. Versuche, dir jedes Detail dieses Ortes bewusst werden zu lassen: Welche Tageszeit ist es? Scheint die Sonne? Spürst du ihre Wärme auf deiner Haut? Kannst du die Luft riechen? Hörst du Geräusche?
8. Jetzt konzentriere dich auf die vier Elemente: Erde, Wasser, Feuer und Luft. Welche Rolle spielen sie an dem Ort, den du dir vorstellst? Sind alle Elemente vorhanden? Fühlst du ihre Stärke und Präsenz?
9. Komme wieder ins Jetzt zurück. Atme weiterhin langsam und gleichmäßig durch die Nase ein, durch den Mund aus.
10. Dann hebst du die Arme und sagst:

Ich spüre die Anwesenheit des Geistes.
Ich werde mich seiner bedienen,
Ihn ehren und schützen.
Ich werde die Kraft des Geistes nutzen,
Um meinen Willen zu stärken,
Und dabei niemandem schaden.

Dies ist mein Wille, also geschehe es.
Dies ist mein Wille, also geschehe es.
Dies ist mein Wille, also geschehe es.

Ich heiße dich willkommen!
Auf dass du dich unserer
Gemeinschaft würdig erweist.

Ich heiße dich willkommen!
Auf dass du deinen Weg findest.

Ich heiße dich willkommen!
Auf dass du die Macht
in dir weckst.

Deine Maja

Noch mehr magische Bücher!

Maria May
Zauberpower
Magische Hexentipps
112 Seiten
ISBN 3-8025-1451-3

Maria May
Astrotipps für Hexen
Was die Sterne über dich und deine
Zukunft verraten
112 Seiten
ISBN 3-8025-1490-4

Yan D'Albert
Das Buch der Magie
Von Abracadabra bis Zauberkräuter
144 Seiten
ISBN 3-8025-2924-3

Maja Sonderbergh
Das Buch der Schatten
112 Seiten
ISBN 3-8025-2850-6

Maja Sonderbergh
Das Buch der Zaubersprüche
112 Seiten
ISBN 3-8025-2493-4

Maja Sonderbergh
Das Buch der Zaubertränke
112 Seiten
ISBN 3-8025-2952-9

www.vgs.de

Lieber ein gutes Buch als im falschen Film.

Mit TV SPIELFILM wissen Sie immer, wann sich das Einschalten lohnt und wann Sie lieber zu Ihrem Lieblingsbuch greifen sollten.

TV SPIELFILM – Nur das Beste sehen